"Preciso dizer que esta é uma pe[...] os homens considerarem també[...] percebemos os danos colaterais infligidos as nossas famí[lias] por nossas escolhas. Esta perspectiva me inspira a um esforço mais vigilante pelo bem da mulher que escolheu arriscar comigo o seu futuro. Planejo ler isto em voz alta com minha esposa, o que reforçará a nossa compreensão do nosso relacionamento e de para onde o levarmos a partir daqui."

—BRYAN DUNCAN, músico de estúdio e cantor-compositor

"Tina Samples, desta vez juntamente com seu marido Dave, acertou de novo! *Homens em desordem* é uma leitura fascinante e informativa. Ela recorda os leitores de todos os homens 'confusos' que Deus usou ao longo da Escritura. Não devemos, porém, nos surpreender por Deus usar os imperfeitos dentre nós. Com quem mais Ele já teve de trabalhar?"

—MARTHA BOLTON, ex-redatora da equipe de Bob Hope, dramaturga e autora de 88 livros, incluindo *Josiah for President* (Josias para presidente)

"Em certo momento de minha vida, senti-me confuso e além de qualquer esperança. Foi quando comecei a ver minha vida a partir da perspectiva do Senhor, de que Ele era capaz de começar a arrumar a confusão que eu havia feito. Tina e Dave tomaram episódios de homens inábeis da Bíblia e revelaram como Deus nos encontra exatamente onde estamos, mas nos ama o suficiente para não nos deixar lá. Com clareza e uma narrativa vívida, eles escreveram um livro que ilustra lindamente quão surpreendente Deus é em arrumar a confusão que fazemos de nossas vidas e, ao mesmo tempo, mostra quão capaz é o nosso Deus de nos redimir e, por amor, nos direcionar aos nossos verdadeiros chamados. Em que isso resultou para mim? Agora eu vejo os outros de maneira diferente e mais esperançosa — e sou capaz de ver que o nosso Deus não joga nada fora! Ler essas histórias me encoraja a procurar ser um homem segundo o coração de Deus."

—DENNIS JERNIGAN, marido, pai, avô, adorador, compositor e autor da autobiografia *Sing Over Me* (Cante sobre mim)

"A Bíblia é brutalmente honesta a respeito das imperfeições e dos fracassos dos grandes líderes de Deus. Com transparência e autenticidade, Tina e Dave Samples trazem esperança e encorajamento a mulheres com homens em desordem em suas vidas, e a homens em busca de transformar uma confusão em uma mensagem. Delicioso, informativo e inspirador — este livro é perfeito para ler sozinho, com o seu cônjuge ou com um grupo!"

—REBECCA ASHBROOK CARRELL, co-apresentadora do programa matinal da radio KCBI 90.9, blogueira e autora de *Holy Jellybeans: Finding God Through Everyday Things* (Jujubas sagradas: Encontrando Deus por meio de coisas cotidianas)

"O lugar deste livro é na mesa de cabeceira de toda esposa que está procurando respostas em seu coração. *Homens em desordem* é tecido com sabedoria duramente conquistada sobre como amar os homens confusos em nossas vidas com graça, coragem e compaixão. Dave e Tina Samples adornaram cuidadosamente este valioso recurso com dicas práticas, conselhos sábios e histórias bíblicas que nos ajudam a despertar o propósito e o potencial nos homens que amamos. O melhor de tudo é que este livro faz a nossa fixação voltar para Deus, o único que é suficientemente poderoso para transformar um homem ferido em um guerreiro. Minha esperança é que *Homens em desordem da Bíblia* ajude as mulheres a serem os espíritos bondosos e mansos que os homens precisam que sejamos enquanto lutam com as provações da vida, e que algum dia os nossos homens olhem para trás e digam: 'Foi a fé dela que me inspirou a mudar para melhor.'"

—JENNIFER STRICKLAND, ex-modelo profissional, palestrante motivacional, fundadora da URMore.org e autora de *Beautiful Lies* (Belas mentiras) e *More Beautiful Than You Know* (Mais bela do que você pensa)

"Este é um maravilhoso livro e guia de estudo! Dave e Tina se alternam para criar uma ponte entre homens diversos da Bíblia, com seus problemas 'confusos', e os homens de hoje, que essencialmente enfrentam os mesmos pontos fortes e obstáculos. Este é um guia muito encorajador, esperançoso e prático para deixar Cristo nos levar a um lugar de compreensão e maturidade em nossa caminhada com Ele e com os outros. Há um grande entrelaçamento de histórias pessoais, relatos bíblicos e um oportuno comentário repleto de verdades ajudando-nos a compreender tudo".

—JEFF NELSON, produtor e líder de adoração

HOMENS EM DESORDEM da Bíblia

Publicações
Pão Diário

Tina e Dave Samples

HOMENS EM
DESORDEM
da Bíblia

[Vendo o homem de sua vida pelos olhos de Deus

© 2016 by Tina Samples and Dave Samples
under the title *Messed up men of the Bible and the women who love them*.
Originally published in the U.S.A. by kregel Publications,
Grand Rapids, Michigan.
Translated and printed by permission. All rights reserved.

Coordenação editorial: Dayse Fontoura
Tradução: Cláudio F. Chagas
Edição: Dayse Fontoura, Dalila Mendes, Lozane Winter, Thaís Soler
Revisão: Adolfo Antonio Hickmann
Projeto gráfico e capa: Audrey Novac Ribeiro
Diagramação: Audrey Novac Ribeiro
Imagens: © Shutterstock

Dados Internacionais de Catalogação na Publicação (CIP)

Samples, Tina e Samples, Dave

Homens em desordem — Vendo os homens de sua vida pelos olhos de Deus.
Tradução: Cláudio F. Chagas – Curitiba/PR, Publicações Pão Diário.

Título original: *Messed up men of the Bible and the women who love them*

1. Casamento   2. Vida cristã   3. Religião prática

Proibida a reprodução total ou parcial sem prévia autorização, por escrito, da editora.

Todos os direitos reservados e protegidos pela Lei 9.610, de 19/02/1998.
Pedidos de permissão para reprodução: permissao@paodiario.org

Exceto quando indicado o contrário, os trechos bíblicos mencionados são da edição Revista e Atualizada de João F. de Almeida © 2009 Sociedade Bíblica do Brasil.

Publicações Pão Diário
Caixa Postal 4190,
82501-970 Curitiba/PR, Brasil
publicacoes@paodiario.org
www.paodiario.org
Telefone: (41) 3257-4028

Código: PC015
ISBN: 978-1-68043-348-7

1.ª edição: 2019

Impresso na China

Para Papai.
Sou muito grata pelas confusões não definirem você.
Louvo a Deus por transformar a sua vida.
Mal posso esperar para vê-lo. Eu o amo sempre.

Para Mamãe.
Obrigada pelo que você me ensinou,
por seu exemplo e por me permitir contar a nossa história.
Eu a amo sempre.
—Tina

Dedicado a Mamãe e Papai.
Sou grato por seu sacrifício, seu exemplo,
sua fé e seu amor.
—David

Conteúdo

Introdução 13

1 Pedro – um homem indeciso................19
2 Nabucodonosor – um rei vaidoso..........37
3 Saul – um governante imprudente 53
4 Moisés – um libertador destrutivo 71
5 Jó – uma alma doente 91
6 Elias – um desditoso profeta............. 109
7 Salomão – um adorador desobediente 129
8 Davi – um pai falho............................ 147
9 Judas – um falso amigo....................... 167
10 Sansão – um líder lascivo.................... 187
11 O Endemoninhado – um pária oprimido 205
12 Gideão – um guerreiro de joelhos fracos......... 221

Conclusão.. 241
Notas.. 249
Agradecimentos... 255
Sobre os autores.. 261
Mensagem de Tina e Dave 263

Introdução

TINA ✳ Em Jó está escrito: "Mas o homem nasce para o enfado, como as faíscas das brasas voam para cima" (JÓ 5:7). Nós, mulheres, vemos faíscas voarem para cima, ao redor e de ponta-cabeça. Vemos a faísca do amor, que inicia o batimento de um coração, e a faísca da dor, que o cessa. Conhecemos os problemas que temos com os homens e os que os homens têm conosco. Até mesmo Adão e Eva compreendiam a palavra *problema*. Mesmo assim, parece que não sabemos viver sem os homens. Quantos homens há na sua vida? Patrão, empregado, colega de trabalho, avô, pai, irmão, tio, amigo íntimo, namorado, cônjuge, filho? Estive cercada de homens a minha vida toda. Cresci com oito irmãos, casei-me com Dave e tive dois filhos homens. Até o nosso cachorro é macho! Sim, há muita testosterona voando em torno da minha casa.

Ter tantos homens em minha vida me permitiu experimentar em primeira mão as diferenças de personalidade entre homens e mulheres. Alguns homens da minha vida permanecem calados e mantêm seus corações enfiados em lugares profundos. Outros abrem o peito, colocam o coração na mesa e deixam tudo sair. Preciso dizer que amo homens que fazem isso. Não estou falando de momentos carregados de sentimentalismo, mas de momentos transparentes, momentos em que um homem arrisca tudo para compartilhar abertamente o seu coração.

No Ensino Médio, eu tinha mais amigos do que amigas. Sim, eu era uma daquelas meninas. Por algum motivo, os meninos vinham a mim com os seus problemas. No colégio, todas as questões giravam em torno de meninas, namoro e amor. Mas a faculdade lançou uma luz diferente. Os homens lutavam com homossexualidade, abuso, pais controladores, seus valores, propósito, vícios e culpas.

Há muito tempo, percebi que os homens estão apenas tentando descobrir quem eles são e o que eles querem da vida. Isso lhe soa familiar? As mulheres querem a mesma coisa. Essa, em si, é enorme. Sem Deus no centro de nossas vidas, ela é quase impossível de ser cumprida.

Passei minha lua de mel em um parque de diversões. Tudo bem, eu poderia ter ficado um pouco chateada com isso. Entretanto, devido às finanças e ao nosso amor por montanhas-russas, meu marido pensou que um parque de diversões seria uma boa ideia. Às vezes, os homens têm dificuldades de entender as mulheres. Não havia restaurantes de luxo e meu quarto de hotel não era decorado com pétalas de rosas frescas. Minha visão de velas brilhantes cintilando na sala era apenas isso: uma visão. Mesmo assim, ainda que a nossa breve viagem não fosse a minha ideia de uma lua de mel deslumbrante, o tempo que passamos brincando juntos foi alegre.

(Permita-me pressionar o botão *pausa* e dar ao meu marido o agradecimento que ele merece. Vinte anos depois, ele me levou à lua de mel que eu nunca tive — um luxuoso cruzeiro para o Caribe. Obrigada, querido!)

Em pouco tempo, tivemos dois filhos e compartilhamos com eles o nosso amor pelo parque de diversões. Mas, com o passar do tempo, eu passei a ter medo de altura. Certo dia memorável no parque me impactou de maneira profunda. Eis o que aconteceu:

— Ok, última chamada para o passeio, disse meu marido.

Meu filho mais velho decidiu que queria ir ao Apagador da Mente comigo, já que eu não havia ido antes.

Tive meus sintomas de pulso acelerado, mãos suando e tontura. Eu estava com medo. No caminho para o Apagador da Mente, perguntei:

— Jaren, o que eu posso esperar desse passeio?

Meu filho de oito anos de idade disse:

— Bem, sua cabeça vai balançar para lá e para cá. Nós subimos, giramos e ficamos de cabeça para baixo. Você perde os sentidos — mas dura apenas três segundos.

Eu perco os sentidos?

— Oh, me dê força, Senhor, balbuciei.

Sentei-me no banco, com o coração acelerado — e me queixei. Choraminguei como um bebezinho, bem alto:

— Eu não posso fazer isso!

— Basta fechar os olhos, mãe! — disse meu filho enquanto atávamos os cintos de segurança.

Algo estava errado com aquela imagem.

Meu filho me mostrou como atar o cinto de segurança, disse-me para não olhar para baixo e me aconselhou a fechar os olhos. *Quantos anos eu tenho?* Onde tinha ido a mãe que havia em mim? Olhei pela beirada por um breve momento, e a realidade me atingiu. Eu iria morrer.

— Eu não posso fazer isso! — vociferei.

Naquele momento, o carrinho partiu em alta velocidade. Meus pés balançavam no ar. Pensei que meus sapatos poderiam voar pelo parque e atingir a cabeça de alguma pobre mulher idosa.

Fechei os olhos com força e, exatamente como o meu filho alertou, minha cabeça balançava para lá e para cá, como se tivesse uma mente própria. Meus ouvidos latejavam. Eu gritava e gritava. *O que aconteceu aos três segundos?* Tentei gritar "Socorro!", mas nem isso eu conseguia pronunciar de maneira inteligível. Tenho certeza de que escorria baba pelo meu queixo.

Então, ouvi uma voz distante atravessando o estrondo das rodas do carrinho a 160 quilômetros por hora:

— Mãe! Aperte a cabeça com força no encosto!

O quê? O que é que era aquilo?

De novo:

—Mãe! Aperte – a – cabeça – com – força – no – encosto!

Um milagre! Como o meu filho sabia que eu precisava fazer aquilo? Os assentos eram posicionados de modo que ninguém conseguia ver a pessoa ao seu lado, devido ao estofamento nas laterais. Jaren deve ter visto minha cabeça balançando para a frente.

Obedeci imediatamente. Apertei minha cabeça firmemente no encosto e, com isso, me veio um grande alívio. Minha cabeça parou de balançar, meu corpo se estabilizou e me senti mais segura. O medo diminuiu e a dor cessou, porque eu não estava me balançando para a frente. Depois de poucos segundos, paramos e entramos na área onde outras pessoas esperavam a sua vez. Após descolar meus cílios por apertar os olhos com tanta força, olhei para cima. Eu estava viva! Bati em meus membros — *Sim, estou aqui!* Sorri para meu genial e generoso filho, que pensava em nada além de cuidar da sua mamãe.

Nossas vidas são muito parecidas com aquele momento. Passear pela vida com um homem em desordem pode se parecer com estarmos na maior montanha-russa do mundo. Nossos pés balançam no ar e nos sentimos jogadas e esfarrapadas. Ao longo de volteios e giros, até mesmo virando de cabeça para baixo às vezes, nós gritamos: "Socorro! Eu não posso fazer isso!". Mas, oh, meus amigos, há uma voz chamando no caos, tentando romper a barreira do som. Você fica imaginando: *O que é isso? O que foi que eu ouvi?* Ele chama novamente. A voz soa e parece como se estivesse vindo de longe, mas, exatamente como aconteceu quando meu filho me chamou da cadeira ao lado, a voz está realmente vindo bem do seu lado.

Deus está sentado conosco. Ele encoraja os fracos de coração: "Você pode fazê-lo! Tudo bem!".

Os relacionamentos podem ser confusos e difíceis, especialmente quando você está vivendo com um homem em desordem. Tentar manobrar pela vida sem perder os sentidos pode causar uma sensação opressiva. Quando você se encontrar em terreno acidentado, e quando a vida parecer estar saindo do controle, ouça a voz. Ouça Deus gritar: "Aperte a cabeça com força no encosto!".

O descanso *dele*, *Nele*. A Bíblia diz que nele nós encontramos descanso. Em Cristo, encontramos estabilidade, paz e segurança para lidar com qualquer viagem à frente, especialmente com o homem confuso que há na nossa vida. E, quando nos aproximamos do passeio como ele deve ser feito, é emocionante, agradável e estimulante. Então, prepare-se! Aperte o cinto! Está na hora de ir.

DAVE ✻ Este não é um livro que trata de como corrigir o seu marido em desordem. É muito mais do que isso. Este é um livro sobre como se unir a Deus na Sua missão de transformar o homem da sua vida para se encaixar no plano e local perfeitos de Deus. Ele é um livro repleto de esperança, transbordante de homens em desordem e com vidas confusas. Ironicamente, esses foram os tipos de homens que Deus escolheu para usar para os Seus grandes propósitos e realizações. A partir dos exemplos deles, você pode aprender a viver de maneira saudável convivendo com o seu homem em desordem. Eu sei, porque sou um homem assim — totalmente confuso.

Nestes capítulos, você ouvirá algumas das minhas histórias, minhas lutas e, sim, até mesmo meus sucessos. Eu me vejo em muitos dos homens bíblicos. A questão para você não é meramente descobrir que o seu homem tem muito em comum com as fraquezas dos homens bíblicos; o mais importante é ver que, como os homens da Bíblia, ele pode superar a sua desordem feita pelo homem e cumprir o seu destino dado por Deus. Este livro trata menos da confusão do homem na sua vida e mais de Deus abrir os seus olhos para ver esse homem de maneira diferente — com infinitamente mais potencial — do que você o vê agora.

Você lerá histórias incríveis de homens que não são super-heróis ou gigantes espirituais, e sim homens simples, deficientes em muitas áreas, mas, ainda assim, usados poderosamente por Deus. Você lerá sobre Pedro, que tinha dificuldades em viver com constância, num momento falando de Deus e, no próximo, servindo como porta-voz de Satanás. Você verá que o rei Davi, o autor da maioria dos salmos, era um pai falho. Terá um momento de comunhão com Gideão, que não tinha coragem, e verá como Nabucodonosor lutou com o orgulho. Em algum lugar destas páginas, você reconhecerá o homem que existe na sua vida.

Este livro fala sobre homens que lidam com raiva, depressão e doença crônica. Analisaremos mais de perto a integridade sexual, a integridade em geral e os homens que têm dificuldades em tornarem-se os líderes espirituais de seus lares.

No fim de cada capítulo, você encontrará uma seção denominada "Superando a Confusão", para uso pessoal ou em grupo. Você poderá até mesmo sentar-se com um amigo e trabalhar nela enquanto toma uma xícara de chá. E, se o seu companheiro estiver disposto, que viagem surpreendente poderão fazer quando vocês trabalharem juntos nela!

Minha amiga: sinta-se encorajada! Deus escolhe usar homens confusos. Suas fraquezas, fracassos e fragilidades estão esperando para serem transformados em promessa e potencial. Não desista do seu homem antes de ele se tornar o milagre de Deus. No processo, você poderá encontrar um milagre dentro de si mesma.

1

PEDRO

Um homem indeciso

*...nenhum bem [Deus] sonega
aos que andam retamente.*

SALMO 84:11

Betty se torceu na cadeira enorme, inclinou-se às palavras de seu marido e apertou a mandíbula. Um ouvido se agarrava às garantias dele, enquanto o outro ignorava; uma parte dela escolhia a confiança, enquanto a outra lutava para acreditar. Ela se sentia dividida.

Sua mente derivou para momentos em que ela tinha aceitado toda sentença dele sem hesitação, suspeita ou medo. Ela se lembrou de nunca ter motivo para duvidar de suas palavras ou atos. Porém, à medida que os anos de seu casamento aumentaram, ela esbarrou em "mentirinhas brancas" — questões minimizadas, invenções de histórias e verdades incompletas.

Cada mentira engrossava a parede de vidro que separava o relacionamento. Betty se perguntava quando o vidro finalmente se estilhaçaria. Seu marido vinha fazendo isso com muita frequência — inconsistências no comportamento e discurso, fingindo ser algo que ele não era. Quem era esse homem? Como ela poderia encontrar confiança nele? O relacionamento poderia ser restaurado?

TINA ❋ Você se identifica com a história de Betty? Lembro-me de quando, ainda menina, perdi a confiança nas palavras de meu pai. Meus momentos de empolgação ao pensar em ir a algum lugar ou fazer algo com meu pai foram cruelmente esmagados quando aqueles planos caíram por terra. O estilo de vida inconstante de meu pai não conseguia trazer algo de que uma menininha necessitava — estabilidade.

Meu pai era uma grande confusão e sua inconstância enfraquecia o seu caráter. Ele lutava com o vício em alcoolismo que o levou a ter um estilo de vida imprevisível. Quando sóbrio, ele era carinhoso e compassivo, mas, quando bebia, era cruel e grosseiro. Qual caráter era o do meu verdadeiro pai?

Essa é uma pergunta que muitas mulheres fazem sobre o homem confuso em sua vida: "Quem é você?".

As mulheres querem acreditar nos seus pais e nos outros homens de suas vidas. Quando os pais lutam com a dificuldade de serem autênticos, deixam pegadas de lama no coração das menininhas.

Seis sinais de que uma pessoa pode não ter autenticidade:

1. Comporta-se de maneira diferente em diferentes grupos de pessoas.
2. Não é totalmente transparente. Pode dizer a verdade, mas não toda a verdade.
3. Muda os seus valores para que coincidam com os dos outros.
4. É instável e vacilante quando se trata de defender as suas crenças cristãs.
5. É facilmente manipulada pelos outros e faz concessões pouco saudáveis.
6. Frequentemente foca-se em si mesma.

Depois, nós crescemos e nos envolvemos em relacionamentos com homens em desordem que também lutam com isso.

O escritor Chuck Colson disse: "Nós precisamos ser a mesma pessoa em particular e em público. Somente a cosmovisão cristã nos dá a base para esse tipo de integridade."[1] Porém, somos em público sempre a mesma pessoa que somos em particular?

Homens sem autenticidade não são novidade no mundo de hoje — até mesmo Jesus andou com homens que lutavam para serem honestos.

Varas de madeira e hastes de aço

DAVE ※ O apóstolo Pedro não foi um homem diferente dos homens que há na sua vida. Às vezes, ele tentou ser mais do que era — mais espiritual, mais confiante, mais bem-sucedido. Pedro quis ser o melhor que podia. Mas, como todos os homens, não conseguiu. Ele vacilava e titubeava entre o certo e o errado. Vejamos alguns exemplos.

Em Mateus 16, Jesus faz uma pergunta simples: "...Quem diz o povo ser o Filho do Homem?". A resposta imediata de Pedro, "...Tu és o Cristo, o Filho do Deus vivo", recebe a aprovação de Jesus. Cristo responde: "...Bem-aventurado és, Simão Barjonas, porque não foi carne e sangue que to revelaram, mas meu Pai, que está nos céus" (vv.13-17).

No entanto, apenas seis versículos depois, Pedro recebe a severa repreensão de Jesus: "...Arreda, Satanás! Tu és para mim uma pedra de tropeço, porque não cogitas das coisas de Deus, e sim das dos homens".

A repreensão ocorre após Pedro, alarmado com a predição de Jesus sobre a Sua própria morte iminente em Jerusalém, tentar corrigir Jesus. Em resposta, Jesus repreende Pedro por dar voz a Satanás. Isso não é surpreendente? Num momento, Pedro está falando as palavras divinas do Pai; no momento imediatamente seguinte, está falando as palavras mentirosas de Satanás.

Talvez você tenha visto isso nos homens próximos a você. Às vezes, eles são brilhantes e espirituais. Porém, em outros momentos, parecem cheios de engano e de qualquer outra coisa, exceto das palavras de Deus.

Paulo relata outro incidente da inconsistência de Pedro:

> *Quando, porém, Cefas veio a Antioquia, resisti-lhe face a face, porque se tornara repreensível. Com efeito, antes de chegarem alguns da parte de Tiago, comia com os gentios; quando, porém, chegaram, afastou-se e, por fim, veio a apartar-se, temendo os da circuncisão. E também os demais judeus dissimularam com ele, a ponto de o próprio Barnabé ter-se deixado levar pela dissimulação deles. Quando, porém, vi que não procediam corretamente segundo a verdade do evangelho, disse a Cefas, na presença de todos: se, sendo tu judeu, vives como gentio e não como judeu, por que obrigas os gentios a viverem como judeus?* (GÁLATAS 2:11-14)

Paulo condenou Pedro publicamente por comportar-se de uma maneira com os cristãos gentios, e de outra com os cristãos judeus. Frequentemente, damos a esse comportamento inconsistente o nome de falta de integridade ou falta de autenticidade. O dicionário Michaelis define *autêntico*, a palavra da qual deriva *autenticidade*, como "reconhecido como legítimo; fidedigno; não imitativo; verdadeiro; indivíduo que se assume tal qual é, que se apresenta [...] sem falsidade ou de forma a dissimular sua verdadeira identidade".[2]

Uma haste de aço é mais forte do que uma vara de madeira. A vara não é menos autêntica do que a haste; ela só tem um tipo diferente de autenticidade. A vara tem a identidade da madeira, enquanto a haste tem a genuinidade do aço. Mas, e se a vara tentasse se passar por uma haste de aço? A vara estaria fingindo ser algo que não é. Ela não tem a mesma resistência ou as mesmas qualidades do aço e não aguentaria quando submetida às mesmas pressões.

Agora, analisemos o homem que há na sua vida. Se o seu homem em desordem tenta se passar por algo diferente do que ele é, não tem autenticidade. Talvez o homem que você acreditava ser de aço tenha se quebrado ou esteja se quebrando sob pressões que uma vara de madeira não tem a possibilidade de suportar. Pedro se sentiu quebrado quando as suas palavras passaram de uma confissão cheia de fé a um aviso cheio de medo. Ele foi novamente partido quando Paulo confrontou sua mudança com algo tão simples quanto comida e bebida. O seu homem é menor ou diferente do que ele diz ser? Há problemas de desonestidade na vida dele?

Eis aqui a boa notícia: o seu homem em desordem está em companhia de um grande número de heróis bíblicos, incluindo Pedro. Você pode ter experimentado as consequências de apoiar-se numa vara que não poderia sustentá-lo da maneira como esperava. A verdade é que nenhum ser humano é capaz de apoiá-lo totalmente. Só Deus pode ter esse lugar na sua vida.

TINA ✻ Estou aqui sentada me perguntando se vejo Dave como uma vara de madeira ou uma haste de ferro. Tudo bem, não vou responder a isso, mas, olhando para trás, lembro-me claramente de a vara se quebrar uma ou duas vezes. Entretanto, também me lembro do domínio firme de meu marido sobre mim e sua família, como garras que não poderiam ser afrouxadas ou despedaçadas. Ele era uma haste de ferro com revestimento de ferro. E, quando a segurança se derramava sobre mim, as minhas paredes espessas e assustadas se derretiam. Como manteiga num pão quente.

Qual *é* o verdadeiro caráter dele? Às vezes, os homens têm comportamentos, ações e modos de vida inconsistentes. É claro que as mulheres também têm. Talvez alguns homens, como algumas mulheres, lutem para encontrar autenticidade, originalidade e veracidade ou para ter uma vida consistente com quem eles realmente são.

As circunstâncias podem desempenhar um papel na autenticidade de um homem. Abraão disse a Sara que fingisse ser sua irmã para salvar a própria vida dele. Os filhos de Jacó fingiram ser uma coisa diante de seu pai e outra diante de seu irmão José, a quem eles lançaram num poço e venderam como escravo. Eles eram irmãos amorosos e preocupados ou eram intimidadores ciumentos?

Ao ler a respeito de Pedro, nós ponderamos a pergunta "Quem é você?". É corajoso ou covarde, amante ou combatente, amigo ou inimigo, judeu ou gentio, destemido ou medroso, crente ou incrédulo? Pedro lutou com todas essas questões. Autenticidade é sermos consistentes com quem somos.

A vida é repleta de decisões e, embora nós gostaríamos de ajudar os homens de nossa vida a tomarem decisões, e boas decisões, isso não é nossa responsabilidade. Ainda assim, nós tentamos ao escolher as roupas de domingo, não incentivando excesso de sorvete e distraindo-os enquanto eles passam diante de restaurantes favoritos de *fast food*. Quem os lembra de saírem dos seus telefones para dedicar tempo à família, ou que o médico disse para não fazer *aquilo* porque isto *iria* acontecer? Às vezes, os homens não são muito bons em tomada de decisões, e nós já vimos várias vezes como as suas más decisões impactaram as vidas deles (é claro que nós, mulheres, temos o mesmo problema).

Pedro chegou a um ponto em que sua má escolha criou um momento de fraqueza e fracasso. Jesus sabia que Pedro falharia. Jesus também não manteve isso em segredo; Ele disse a Pedro que este falharia. Você pode imaginar? Como seria a sensação de ter Jesus olhando diretamente nos seus olhos e lhe dizendo quando e como você iria falhar?

O momento chegou, um instante que exigia de Pedro uma enorme decisão. Ele seria autêntico ou não? Ele declararia ousadamente quem ele realmente era — ou esconderia isso?

Ora, estava Pedro assentado fora no pátio; e, aproximando-se uma criada, lhe disse: Também tu estavas com Jesus, o galileu. Ele, porém, o negou diante de todos, dizendo: Não sei o que dizes. E, saindo para o alpendre, foi ele visto por outra criada, a qual disse aos que ali estavam: Este também estava com Jesus, o Nazareno. E ele negou outra vez, com juramento: Não conheço tal homem. Logo depois, aproximando-se os que ali estavam, disseram a Pedro: Verdadeiramente, és também um deles, porque o teu modo de falar o denuncia. Então, começou ele a praguejar e a jurar: Não conheço esse homem! E imediatamente cantou o galo. Então, Pedro se lembrou da palavra que Jesus lhe dissera: Antes que o galo cante, tu me negarás três vezes. E, saindo dali, chorou amargamente. (MATEUS 26:69-75)

Podemos atestar momentos de erro? Eu não sou uma boa cozinheira. Certo dia, enquanto meu marido e eu trabalhávamos no andar de cima de casa em nossos escritórios, ouvi um estampido alto. O estampido soou como o de uma arma. Nós dois saltamos e corremos escada abaixo. Eu me virei para a cozinha e encontrei o nosso labrador olhando para o fogão e abanando rabo como se dissesse: "Ali em cima!". Ao investigar um pouco mais, percebi ter esquecido que havia colocado ovos numa panela para ferver. Meu descuido criou um desdobramento de eventos que culminaram com ovos explodindo. Havia fragmentos de ovos por toda parte! Na minha tentativa de consertar a situação, peguei a panela escaldante e empurrei-a para baixo de água fria. Meu marido gritou: "Não!".

Você adivinhou. Quando a água bateu nos ovos, os que ainda não haviam explodido explodiram naquele exato momento. Estilhaços de ovos me acertaram no rosto, salpicaram meus cabelos e se espalharam nas minhas roupas. Fiquei espantada — estática como se tivesse sido atingida por estilhaços. Eu esperava que meu marido fizesse o que eu sentia que Jesus teria feito — pegasse uma toalha e ajudasse a limpar-me. Em vez disso, ele ficou parado ali, com os lábios curvados e as sobrancelhas levantadas, e disse: "Tem ovo no seu rosto".

Não é isso o que frequentemente fazemos quando os homens de nossa vida erram? O constrangimento de Pedro diante do Senhor foi um momento angustiante; um momento de reconhecimento e percepção. Às vezes, nossos erros levam a esses momentos; às vezes, eles nos deixam desesperados e chorando — ou pelo menos, com ovo no rosto.

Graça imerecida

Quando minha família se mudava, frequentemente ficávamos em velhas casas abandonadas. Uma casa em particular se destaca na minha mente, não devido à sua idade, mas devido a um incidente que me afetou na casa. Meus pais se prepararam para correr até o supermercado, mas, antes de saírem, alertaram a nós, crianças: "Façam o que fizerem, não vão para o andar de cima". As escadas estavam podres, instáveis e perigosas (O Corpo de Bombeiros queimou a casa pouco tempo depois de nos mudarmos dela, porque um adolescente morreu subindo por aqueles degraus).

Depois que mamãe e papai saíram, minha irmã mais nova e eu olhamos escada acima como se estivéssemos olhando para o cume de uma enorme montanha. Talvez houvesse tesouros escondidos lá em cima! Tínhamos de descobrir. Tábuas rangiam e rachavam sinistramente a cada passo. Segurando a mão uma da outra com força, continuamos a subir, nos desviando de buracos aqui e ali.

Chegar ao topo nos pareceu chegar ao cume do Everest. Nossos pés vacilaram pelo corredor até o primeiro quarto. Tensas de expectativa, espreitamos dentro. Nada. O quarto vazio olhou de volta para nós. Cada quarto era parecido com o anterior.

Exceto o último. Giramos a maçaneta e entramos nele, onde encontramos um velho calendário pendurado desoladamente na parede. A grande imagem de Jesus fez nossos corações saltarem. Tirando o calendário da parede suja, cautelosamente tomamos o nosso caminho de volta para baixo e o levamos para lá e para cá durante o resto da tarde.

Nossa empolgação foi interrompida quando ouvimos o barulho de um veículo entrando na passagem para a garagem. Gritando e guinchando, fomos correndo encontrar o esconderijo perfeito para o nosso tesouro. Em seguida, saímos para brincar e esquecer aquilo — até que...

—Tina! Tina e Pam!

O tom de minha mãe conseguia levantar os pelos das costas de um porco. Nós congelamos, com nossos corações latejando em nossos ouvidos. Mais uma chamada afrouxou as nossas pernas e nós corremos como o vento até ela.

—Vocês foram lá em cima?, perguntou ela, com as sobrancelhas vincadas e os lábios franzidos.

Balançamos a cabeça:

—Não, senhora. Nós não subimos as escadas.

Houve uma pausa silenciosa. Foi aí que eu percebi a neblina na cozinha, com fumaça flutuando em direção ao teto. Talvez minha irmã e eu houvéssemos tomado uma má decisão ao esconder o calendário no forno.

Nossa mãe perguntou de novo:

—Vocês foram lá em cima?

Pegas. Abri a boca para deixar a verdade tropeçar para fora. Não me lembro de todas as minhas palavras, mas me lembro de dizer:

—Nós só queríamos Jesus.

Minha irmã e eu enrijecemos e esperamos pela surra de nossas vidas. Porém, algo inesperado aconteceu. Ali, no centro daquela cozinha suja cheia de fumaça, nossa mãe caiu de joelhos diante de nós. Chorando, ela nos pegou nos braços e, puxando nossas bochechas sujas para junto de seu rosto molhado, ela orou. Seu corpo tremia contra o nosso. Não me lembro das palavras dela, mas nunca me esquecerei de seu amor e graça. Seu abraço — e o de Deus.

Alguns anos atrás, perguntei à minha mãe se ela se lembrava do que orou por nós naquele dia. Ela disse:

—Eu orei para que vocês viessem a conhecer o verdadeiro Jesus.

Nós o fizemos. Tempos depois, tornei-me a esposa de um pastor, e minha irmã se tornou uma missionária.

Não há nada como grandes braços puxando um corpo amedrontado num abraço caloroso e gracioso. O abraço de minha mãe me fez querer tornar-me mais honesta com ela, mais constante em trilhar um caminho de caráter bom e piedoso. E é assim que acontece com Deus e os nossos homens confusos. Quer gostemos ou não, ou sintamos que o homem de nossa vida merece, Deus o abraça.

Os homens temem as reações das mulheres, o que pensaremos deles se alguma vez descobrirmos a sua falta de autenticidade, e o que essa descoberta poderia causar ao relacionamento. Nossas próprias emoções dolorosas como mulheres nos impedem de distribuir abraços imerecidos.

Não é culpa das mulheres os homens lutarem. A questão é: como as mulheres podem abraçar os homens durante aqueles momentos vulneráveis em que os homens trabalham para edificar um caráter honesto? Como podemos proporcionar lugares seguros para os homens habitarem enquanto Deus abre os olhos e corações deles para que eles possam se tornar mais semelhantes a Ele?

Pedro falhou com Jesus. Depois, porém, Pedro entendeu que Jesus toma a toalha e limpa o ovo do nosso rosto, nos levanta e nos abraça mesmo em meio às nossas falhas.

O segredo do sucesso de Pedro

Como você imagina Pedro? Eu o imagino como um homem forte, musculoso. Quando olho para os homens da minha família (e são muitos), imagino Pedro. Eu imagino Pedro como rude, talvez com poucas habilidades interpessoais e não tomando banho frequentemente. Imagino-o como alguém que amava o ar livre e a pesca, e que passava tempo demais longe de sua família trabalhando e brincando — um homem que amava aventura. Penso em alguém que nem sempre cuidava do linguajar, agindo de uma maneira num grupo de pessoas e de outra, bem diferente, quando saía com os rapazes; alguém nem sempre equilibrado na vida e, talvez, nem sempre sendo bom em ser o homem de seu lar. Isso soa familiar?

Embora o nome da esposa de Pedro não seja mencionado nas Escrituras, os escritos de Pedro nos dão um vislumbre do caráter dela. Em 1 Pedro 3:1-6, Pedro se dirige às mulheres. É estranho o que ele nos diz: "Mulheres, sede vós, igualmente, submissas a vosso próprio marido, para que, se ele ainda não obedece à palavra, seja ganho, sem palavra alguma, por meio do procedimento de sua esposa, ao observar o vosso honesto comportamento cheio de temor".

Pedro está dizendo às mulheres: "Vocês têm mais probabilidade de mudar o homem em desordem da sua vida pelo seu comportamento do que pelas suas palavras". É o velho ditado: "Você consegue pegar mais moscas com mel do que com vinagre". Posso ver os seus lábios se curvando enquanto eu escrevo. Aquelas de vocês que manejam o homem de sua vida com mel sabem de que estou falando. Os homens são influenciados pelas mulheres do seu círculo de relacionamento. Os homens aprendem sobre as mulheres por meio de suas avós, tias, irmãs, mães, namoradas, amigas e esposas. Os homens aprendem sobre as mulheres não só pelo que os homens dizem sobre elas e pelo que eles observam nas ruas, mas também, e muito importantemente, pelas suas interações com as mulheres. O nosso estilo de vida é, para os homens, um testemunho daquilo em que acreditamos.

Mas, vamos cair na real. Não seria agradável caminhar pela casa com uma atitude perfeita? Porém, é difícil fazer isso quando o nosso homem não satisfaz os nossos desejos. Queremos constância em ajudar na casa e cuidar das crianças. Queremos que o nosso homem esteja onde ele diz que estará e faça o que ele diz que fará. Quem está cansada de "Eu vou fazer isso amanhã"? A inconstância de um homem coloca um detonador bem no meio das nossas melhores atitudes. Eu tropecei nas palavras de meu marido mais vezes do que posso contar. Imagino multidões de mulheres andando por aí com dedos enfaixados. Nossos pés doem!

Então, como a esposa de Pedro caminhava pela vida com ele? Mais uma vez, pouco é dito a respeito dela nas Escrituras. Há, porém, esse ponto vital: ela viajava com o marido.[3] E esse é um grande testemunho de como ela se sentia quanto a Pedro. Imagine quão difícil seria percorrer o país com o homem de sua vida se você não respeitasse e admirasse a pessoa ou o trabalho dele. Conclusão: a esposa de Pedro só pode ter a*creditado em* Pedro e o *apoiado*.

Pedro prossegue, dizendo que conquistaremos os nossos homens em desordem não somente com o nosso comportamento, mas também "ao observar o [nosso] honesto comportamento cheio de temor" (1 PEDRO 3:2). A esposa de Pedro era o exemplo perfeito disso? Em meio às falhas de Pedro, ela continuava a demonstrar o amor dela por meio de seus atos e comportamento? Ela continuava a demonstrar a Pedro pureza e reverência (*reverência* significando "respeito profundo por alguém ou algo, em função das virtudes, qualidades que possui ou parece possuir; consideração, deferência"[4])? Uau! Eu preciso conhecer a esposa de Pedro!

Novamente, a esposa de Pedro poderia ter sido uma mulher irritante cujo único propósito de viajar com ele fosse tornar a vida dele um grande sofrimento. Realmente não sabemos. Pedro poderia ter escrito aquele capítulo inteiro pensando nesse tipo de esposa!

Pedro continua: "Não seja o adorno da esposa o que é exterior, como frisado de cabelos, adereços de ouro, aparato de vestuário; seja, porém, o homem interior do coração, unido ao incorruptível trajo de um espírito manso e tranquilo, que é de grande valor diante de Deus" (vv.3,4). Sabemos que a esposa de Pedro poderia ter expressado, com voz alta e clara, os seus pensamentos sobre a falta de integridade dele (e talvez ela o tenha feito). Mas talvez ela procedesse como Pedro escreveu. Embora às vezes Pedro pudesse ter merecido uma bronca, talvez a sua esposa irradiasse o "incorruptível trajo de um espírito manso e tranquilo". Pedro compreendia o valor disso; ele disse que isso "é de grande valor diante de Deus".

Como os homens compreendem o valor do que as mulheres podem lhes dar? Como os homens compreendem algo que vem das mulheres, a menos que o experimentem? Suponha que Pedro sabia como era ser tratado com um espírito manso e tranquilo e com um comportamento que poderia convencê-lo a transformar a sua vida. Suponha que ele compreendia o valor dessas coisas porque as recebia. E se, ao abordar o modo como as mulheres e os homens devem tratar uns aos outros, Pedro tiver escrito não só por sabedoria e orientação do Espírito Santo, mas também por familiaridade pessoal?

Eu costumava andar pela casa dizendo: "Isto não é uma confusão — não é uma confusão", mas agora me encontro dizendo: "Espírito manso e tranquilo, Tina. Espírito manso e tranquilo." Nem sempre eu acerto, mas estou tentando me lembrar de quando segurar minha língua e quando falar a verdade em amor.

Esse tipo de caráter não passa despercebido por Deus ou pelo homem de sua vida. Esse tipo de caráter tem importância. E ele carrega uma enorme etiqueta de preço. A palavra *valor* (como em "de grande valor diante de Deus") é traduzida como "preciosa" em grego e tem o mesmo significado que tem em Marcos 14: "...veio uma mulher trazendo um vaso de alabastro com *preciosíssimo* perfume de nardo puro..." (v.3, grifo meu). O perfume tinha valor inestimável. E, segundo Pedro, o nosso espírito manso e tranquilo é igualmente valioso diante de Deus. Ele é precioso.

Em minha vida, houve momentos em que eu falei quando deveria ter ficado em silêncio; tempos em que quis resolver um problema quando deveria tê-lo ignorado; tempos em que tentei consertar algo que não me cabia corrigir. Então, eu olho não só para as palavras de Pedro, mas também para a vida da esposa dele, uma mulher cujo nome desconheço, para imaginar como ela poderia ter sido. Talvez parte da escrita de Pedro às mulheres venha de uma verdade simples: a esposa de Pedro compreendia quem Pedro era realmente.

A Luz encontra as trevas

DAVE ✳ Imagine o desespero de Pedro ao tentar levar adiante a sua vida. Os eventos daqueles dias foram, na melhor das hipóteses, confusos: a traição, a crucificação, o túmulo vazio. Posso entender a vergonha e culpa de Pedro ao rever em sua mente, uma centena de vezes, as decisões infelizes que tomou. Como você nega alguém que você ama tanto? Como você se torna tão egocêntrico que viola tudo em que você acredita? Eu não entendo, mas já fiz isso. E, provavelmente, o seu próprio homem em desordem também falhou, quer ele fale sobre isso ou não.

João descreve uma bela imagem de restauração no capítulo final do seu evangelho. Será valioso ler o capítulo 21 antes de continuarmos. Eu vou esperar...

Você leu? Ótimo. Vamos resumir. Pedro e os rapazes estão pescando. Foi uma longa noite de lançamentos de rede infrutíferos, mas eles estão fazendo aquilo que fazem melhor. Frequentemente, a pesca envolve pensar, falar, rir, sonhar, às vezes até mesmo chorar. É isso o que está acontecendo quando ouvimos a voz do Salvador ecoar através das águas a partir da margem: "Ei, rapazes, vocês não estão tendo sorte, estão? Talvez experimentem o outro lado do barco." Eles lançam a rede mais uma vez e, dessa vez, encontram o que buscavam. João entende e grita: "É o Senhor!". Pedro mergulha e nada até a margem. Pouco depois, há uma explosão de risos em torno de um café da manhã feito na fogueira, como havia ocorrido centenas de vezes antes.

Jesus leva Pedro para um lado e lhe pergunta três vezes (talvez revisitando a tríplice dolorosa traição de Pedro): "Tu me amas?". Há uma interessante verdade nas profundezas do texto grego. Você já deve saber que o idioma grego, usado para escrever o Novo Testamento, inclui mais de uma palavra para amor.

Em João 21:15, quando Jesus pergunta a Pedro "...amas-me mais do que estes outros...?", a palavra grega usada é *agapeo*, que é um tipo sacrificial de amor. Pedro responde: "...Sim, Senhor; tu sabes que te amo..." — mas a palavra "amor" na resposta de Pedro é *phileo*, que significa "amor fraterno" (como no apelido de Filadélfia, nos EUA: "Cidade do Amor Fraterno"). A pergunta e a resposta são repetidas uma segunda vez no versículo 16, usando as mesmas palavras gregas do versículo 15: "...Tu me *agapeo*?..." "...Sim, Senhor, tu sabes que te *phileo*...". No versículo 17, encontramos o terceiro diálogo, com uma ligeira alteração da expressão. Jesus pergunta: "...Tu me *phileo*?". Pedro está triste porque o Mestre perguntou pela terceira vez "Tu me amas [*phileo*]?". E Pedro lhe disse: "...Senhor, tu sabes todas as coisas, tu sabes que eu te amo [*phileo*]".

Deixe-me sugerir que, da mesma maneira como as três negações de Jesus por Pedro revelaram a sua falta de integridade, as respostas a essas três perguntas sobre o amor revelam a restauração da integridade de Pedro — em outras palavras, tornando-se honesto consigo mesmo e com Jesus.

Primeiramente, Pedro se gabou de que estaria disposto a morrer com Jesus. Entretanto, aquilo provou ser uma vara de madeira quebrada. Agora, Pedro compreende e aceita a sua própria fraqueza como a sua real condição. Ele realmente ama Jesus — só que não o suficiente para morrer pelo Mestre. Pelo menos, ainda não. É aí que começa a cura na vida de Pedro. Jesus está encontrando Pedro na sua real condição — não na que Pedro quer ter.

Integridade é honestidade, mesmo que isso não seja o que desejamos. Não se preocupem, homens: vocês têm tempo de sobra para crescer, mas não nos atrevemos a pular a etapa da honestidade.

Senhoras, assim como Jesus abraçou Pedro, vocês também podem aceitar amorosamente a fraqueza do seu homem sem se conformarem com um homem fraco. Deus não havia desistido de Pedro, que acabaria por ter uma morte de mártir, demonstrando o

---

Ferramentas para ajudar a luz a encontrar as trevas

Apoie. Apoie seu homem em conflito e o trabalho dele. Viaje com ele, trabalhe com ele e faça-o saber o que ele está fazendo certo.

Acompanhe. Acompanhe, de bom grado, o seu homem e incentive-o a ser o líder que Deus sabe que ele pode ser.

Fale menos e aja mais. Conquiste o seu homem em conflito pelo seu comportamento e caráter piedosos, não pela sua crítica permanente.

Seja pura e reverente. Respeite o seu homem em conflito. Os homens precisam se sentir respeitados.

Ouça. Um espírito manso e tranquilo é fundamental.

Abrace com graça. Abrace como Deus faz, mesmo quando você sente que o seu homem não merece. Deus nos diz para amarmos uns aos outros.

Ore. Permaneça orando! Peça a Deus para entrar em cena e transformar, convencer, liderar e guiar o seu homem em desordem.

Espere. Frequentemente, as mulheres se lançam ao modo de "correção". Deixe Deus fazer a Sua obra. Garanto que os resultados serão muito melhores do que se você agir seguindo os seus próprios impulsos.

seu amor *agapeo* por Jesus a um mundo espectador. Diz a tradição que Pedro foi crucificado de cabeça para baixo, a seu pedido, porque se sentia indigno de morrer da mesma maneira que o seu Senhor. Provavelmente, o seu homem em conflito também encontrará a cura quando a luz encontrar as trevas.

Superando o conflito

1. Como você definiria *autenticidade*?
2. Considere o que acontece quando homens se reúnem. Não é incomum eles exagerarem. O peixe fica maior e outras histórias melhoram ao ser contadas. Qual é a diferença entre esses momentos e aqueles em que um homem realmente tem problemas com a honestidade?
3. Por que as pessoas em geral lutam com a diferença de atitudes na vida privada e na vida pública?
4. Leia novamente os primeiros versículos de 1 Pedro 3. Como os escritos de Pedro podem ajudar uma mulher a viver com um homem que luta para ter constância na vida? Como ela pode incentivar o seu homem nesta área?
5. Analise a autenticidade de Paulo. Leia 2 Coríntios 1:12. Qual era o segredo do sucesso do apóstolo na maneira como ele se portava?
6. *Mudando-se para um lugar mais saudável:* Que passos práticos as mulheres podem dar que as ajudarão a superar os momentos de falta de autenticidade de um homem? Veja estes versículos para orientação: Salmo 130:6; Mateus 6:8; Efésios 4:14,15; 1 Tessalonicenses 5:11; Hebreus 3:13; 1 Pedro 5:6,7.

Que você venha a enxergar o seu valor e que o que você tem para oferecer aos homens em conflito tem valor inestimável.

2

NABUCODONOSOR
Um rei arrogante

*A soberba do homem o abaterá,
mas o humilde de espírito obterá honra.*

PROVÉRBIOS 29:23

O rei Nabucodonosor dormia em sua cama, contente e próspero. Então, inesperadamente, imagens e visões passaram por sua mente. Aterrorizado, o rei acordou e ordenou que todos os seus sábios fossem trazidos a ele para interpretar o sonho.

Os magos, encantadores, astrólogos e adivinhas vieram, mas não conseguiram interpretar o sonho do rei. Finalmente, Daniel entrou na presença do rei e escutou enquanto o rei compartilhava a sua visão perturbadora. Daniel seria capaz de dar a interpretação? Daniel fez uma pausa e permitiu que Deus lhe trouxesse uma revelação. O que ele viu o alarmou. O rei não fazia a menor ideia de como a sua vida estava prestes a mudar. Sete longos anos de turbulência o aguardavam.

DAVE ❋ Nabucodonosor era rei da Babilônia, a nação mais poderosa da Terra. Ele tinha todos os ingredientes necessários para ser muito soberbo. Esse foi o mesmo rei que lançou os três amigos de Daniel numa fornalha ardente porque eles se recusaram a curvar-se e adorar uma imagem de ouro. Porém, a sua soberba estava prestes a lhe custar caro. O sonho do rei revelou que sua mente de homem seria transformada em uma mente de animal e ele viveria com os animais selvagens entre as plantas da terra durante sete anos (DANIEL 4:16).

Daniel interpretou o sonho e implorou ao rei que este se convertesse dos seus hábitos orgulhosos para evitar o cumprimento do sonho. Entretanto, o rei continuou em sua arrogância e teimosia. A história prossegue: "Ao cabo de doze meses, passeando sobre o palácio real da cidade de Babilônia, falou o rei e disse: Não é esta a grande Babilônia que eu edifiquei para a casa real, com o meu grandioso poder e para glória da minha majestade?" (vv.29,30). Que momento de soberba foi esse do rei contemplando seu poder pessoal e majestade!

Quantas vezes nós, homens, damos crédito à obra de nossas próprias mãos, acreditando estar trabalhando mais e com mais inteligência do que todas as outras pessoas e que, de alguma maneira, merecemos o sucesso que alcançamos? Os homens lutam mais com isso do que as mulheres?

Como Nabucodonosor, também me gloriei do meu próprio sucesso e declarei o meu valor percebido, com um mínimo reconhecimento ao Criador de tudo aquilo. Eu fui cheio de mim mesmo, cheio da minha soberba. E, como o rei Nabucodonosor, eu estive à beira de um desastre e totalmente despreocupado.

Falava ainda o rei quando desceu uma voz do céu:
A ti se diz, ó rei Nabucodonosor: Já passou de ti o reino (v.31).

O versículo é surpreendente. Enquanto as palavras arrogantes ainda estão na boca do rei, Deus tira o reino de Nabucodonosor.

Num instante. Uau! Na maioria dos meus fracassos, as consequências demoraram algum tempo para acontecer. Mas eu me pergunto se houve um instante, enquanto as palavras ainda estavam na minha boca, em que o Pai determinou — naquele exato momento — tirar de mim o meu reino. Talvez você tenha visto o homem de sua vida perder o reino de maneira semelhante.

> *No mesmo instante, se cumpriu a palavra sobre Nabucodonosor; e foi expulso de entre os homens e passou a comer erva como os bois, o seu corpo foi molhado do orvalho do céu, até que lhe cresceram os cabelos como as penas da águia, e as suas unhas, como as das aves* (v.33).

E aqui encontramos o nosso herói durante os sete anos seguintes — comendo grama. Você já comeu grama? Não literalmente, mas em sentido figurado. Quando me formei na faculdade, meu primeiro emprego foi de personalidade no ar para uma estação de rádio local. Fui arrebatado pelo mínimo de fama que aquilo oferecia. Parecia que todas as pessoas da cidade sabiam o meu nome; rapidamente, meu ego se expandiu até o tamanho da minha fama repentina. Sofri um revés alguns anos mais tarde, quando os proprietários de uma estação que eu estava administrando decidiram mudar os formatos. Fiquei sem emprego e tive de aprender uma nova carreira vendendo automóveis. Meu orgulho levava uma surra enquanto eu lutava para cumprir uma cota de vendas. Passei de um DJ que todos amavam e respeitavam a um vendedor que era recebido com desconfiança. Eu estava comendo grama.

Os seres humanos não são feitos para comer grama. Qual é o significado de "comer grama"? Quando eu me contento com menos do que o melhor de Deus, isso é grama. Quando escolho o pecado em vez da obediência a Deus, isso é grama. Quando aceito crédito pela obra de Deus, isso é grama. Quando insisto em trilhar o meu próprio caminho, isso é graça. Quando tentamos suprir as nossas próprias necessidades e nos vemos como autossuficientes, isso é graça.

Ouça Isaías: "...Toda a carne é erva, e toda a sua glória, como a flor da erva; seca-se a erva, e caem as flores, soprando nelas o hálito do Senhor. Na verdade, o povo é erva; seca-se a erva, e cai a sua flor, mas a palavra de nosso Deus permanece eternamente" (ISAÍAS 40:6-8). No Novo Testamento, Pedro cita esse versículo para insistir em que nascemos de sementes eternas — a Palavra de Deus (1 PEDRO 1:23-25). Não fomos feitos para comer grama. Tiago continua o pensamento: "O irmão, porém, de condição humilde glorie-se na sua dignidade, e o rico, na sua insignificância, porque ele passará como a flor da erva. Porque o sol se levanta com seu ardente calor, e a erva seca, e a sua flor cai, e desaparece a formosura do seu aspecto; assim também se murchará o rico em seus caminhos" (TIAGO 1:9-11). O rico arrogante será humilhado. Como a erva, ele passará.

A natureza do orgulho

TINA ✳ Uma citação engraçada me chamou a atenção alguns dias atrás. Ela dizia: "Permita-me sugerir que você considere a diferença entre os cães e os gatos. O dono afaga um cão, que abana o rabo e pensa: 'Ele só pode ser um deus'. Mas o dono afaga seu gato, que ronrona, fecha os olhos e pensa com seus botões: 'Eu só posso ser um deus'. Embora, em graça, Jesus tenha nos alcançado, ainda há uma tendência humana perversa de pensar como o gato!".[1]

Em pé no telhado de seu palácio na Babilônia, o rei Nabucodonosor inalou uma baforada de orgulho e olhou para baixo em direção à sua criação magistral. Em sua bondade, Deus havia concedido ao rei enormes bênçãos, mas Nabucodonosor fechou os olhos e decidiu: "Eu só posso ser um deus". A soberba nos leva a um lugar assim. C. S. Lewis disse: "Um homem soberbo está sempre olhando para baixo em direção a coisas e pessoas; é claro que, enquanto você está olhando para baixo, não consegue ver algo que está acima de você".[2] Eu entendo a sensação de viver com um homem soberbo, especialmente aquele que olha para baixo a partir do topo do mundo.

Como permanecemos humildes enquanto Deus faz crescer nosso ministério, trabalho e talentos? E o que fazemos quando a soberba cresce nos homens que amamos? Podemos incentivar os homens a se concentrarem na viagem em vez de no resultado final. Quando nos concentramos em um resultado, perdemos de vista o que foi necessário para chegar lá. Reconhecer a obra de Deus faz o nosso foco se voltar para Ele e não para o nosso eu.

A soberba não reprimida leva a outros pecados. Quando analisamos histórias das Escrituras relacionadas ao orgulho, vemos homens iniciando suas jornadas num lugar razoável. Em que ponto a soberba se infiltra e se torna um problema?

Eis aqui algumas características do orgulho que poderemos reconhecer nos homens que amamos (e, muito possivelmente, em nós mesmas):

- O orgulho recusa Deus ou a ajuda de Deus.
- O orgulho se volta para si mesmo. É difícil uma pessoa soberba se focar em outra pessoa que não ela mesma. O orgulho é focado em si, egocêntrico e egoísta; ele é desesperado por ser o centro das atenções.
- O orgulho rejeita a autoridade. Submeter-se é difícil.
- O orgulho se opõe à demonstração do fruto do Espírito — amor, alegria, paz, longanimidade, benignidade, bondade, fidelidade, mansidão e domínio próprio.
- O orgulho aumenta o seu território. Ele faz a pessoa e o seu entorno se parecerem impossivelmente maiores do que são, causando exageros absurdos: "Veja o que eu fiz!". Tudo que a pessoa orgulhosa faz é promovido como maior e melhor do que qualquer outra coisa ou pessoa.

Eu amo o meu homem. Eu o amei em seus pontos fortes e em seus pontos fracos. Nem sempre gostei dele, mas sempre o amei. Houve um momento na vida de meu marido em que Deus o levou de um palco repleto de soberba para uma humilde obediência. Não foi uma viagem fácil.

Meu homem se destacava em tudo que ele tocava. Eu me perguntei: *O que o levou até o topo do telhado?* Imagino que alguns homens são levados; o meu era assim. Em muitas ocasiões, fiquei preocupada com seus murmúrios orgulhosos. Sua necessidade de ser notado o carregou a um lugar para o qual nenhum de nós deseja retornar. A soberba nos manteve distanciados e forçou a existência de uma enorme barreira entre nós. Quem poderia saber que a soberba era capaz de fazer algo assim?

A empolgação, as paixões e o impulso que um homem pode ter quando está repleto de soberba me surpreendem. Entretanto, a aparência de super-homem e a fachada audaciosa acabaram desaparecendo aos poucos, deixando meu marido num lugar muito solitário. Como esposa de tal homem, eu também senti o vazio.

Observei Deus levar meu cônjuge a lugares que ele sozinho nunca poderia alcançar. Eu estava lá quando ele recebeu prêmios e homenagens em detrimento de outros igualmente merecedores. Eu testemunhei Deus elevá-lo a todas as posições que ele sempre quis. Eu me sentava e sorria, às vezes ficando com ciúmes de um homem que, pedindo, recebia todos os desejos de seu coração. Embora eu tenha visto a sua natureza humilde, graciosa e amorosa, também vi seu peito inchar-se como o de um gorila gigante.

Alguns dos meus momentos mais difíceis como esposa ocorreram com meu marido durante os seus dias mais repletos de soberba. Igualmente difícil foi viver com ele durante os seus dias mais humilhantes. Os momentos que Deus escolheu para humilhá-lo foram tão dolorosos quanto observá-lo tornar-se cada vez mais soberbo.

Uma mulher tem dificuldade em observar o seu marido lutar com alguma coisa — boa ou ruim. Deixe-me acrescentar que uma esposa nem sempre é inocente na maneira como lida com a soberba de seu marido ou a sua própria. As mulheres também são pegas na correria e se vangloriam com igual força — às vezes, até mais. Há a mãe que me lembra repetidas vezes que seu filho foi para a faculdade com uma bolsa de estudos conquistada em virtude do desempenho dele no atletismo. Há a mulher que se gaba da nova empresa do marido e a mãe orgulhosa que embeleza o talento de seus filhos — coisas que os dela conseguem fazer e os meus não conseguem. Uma mulher que se vangloria é capaz de inchar tanto quanto um homem. E eu confesso que sou tão culpada quanto qualquer outra pessoa. Também eu, por vezes, me encontro encharcada de soberba. Eu amo o que C. S. Lewis escreveu:

> *O prazer do elogio não é orgulho. A criança que recebe um tapinha nas costas por fazer bem o dever de casa, a mulher cuja beleza é elogiada pelo marido, a alma salva para quem Cristo diz "Muito bem": todos ficam contentes e têm todo o direito de ficar. Em cada uma dessas situações, as pessoas não se comprazem naquilo que são, mas no fato de terem agradado a alguém que (pelos motivos corretos) queriam agradar. O problema começa quando você deixa de pensar "Eu o agradei: tudo está bem", e substitui esse pensamento por outro: "Eu sou mesmo uma pessoa magnífica por ter feito isso".*[3]

A Queda

De que maneira o orgulho de Nabucodonosor afetou a família dele? Não há menção de sua família na Bíblia, mas podemos supor que eles sentiram uma perda profunda e, talvez, até mesmo constrangimento ao verem, juntamente com os habitantes da cidade, seu rei tropeçando pelo deserto como um animal selvagem. Eles conseguiram criar empatia com a situação dele ou ela provocou amargura neles?

Embora a Bíblia faça pouca referência à esposa de Nabucodonosor, posso dizer por experiência própria que, quando os nossos maridos caem, nós vamos junto. O que quer que impacte o homem que há na nossa vida também afeta a mulher que há na vida dele. Meu coração dói com você, minha amiga. Se você está acompanhando a queda de seu homem devido ao orgulho, você pode estar se desesperando como essas mulheres.

O homem de sua vida pode perder o emprego. Sua família pode ser dilacerada. Os amigos do homem podem se afastar dele. Algo que ele amava fazer pode ser arrancado das mãos dele. Se ele é um viciado, pode chegar ao fundo do poço. Suas decisões erradas podem ter consequências devastadoras. E as pessoas na vida dele, independentemente do seu tipo de conexão, sentirão o impacto. Frequentemente, aqueles que não deveriam se ferir acabam sendo os mais feridos.

Em meio à queda, não vemos restauração se infiltrando por entre as fendas escuras — mas ela está lá. A restauração acontece quando o homem em conflito percebe que precisa de ajuda; demonstra empatia com aqueles que ele feriu; converte-se de seus caminhos pecaminosos repletos de soberba e estende a mão para Deus.

Deus é o Deus que tudo vê — nada está escondido dele. Embora Deus nos permita cair, Seu maior desejo é nos levantar. Porque Ele é o Senhor nosso Deus, que toma a nossa mão direita e diz: "...Não temas, que eu te ajudo" (ISAÍAS 41:13).

Libertando a Liberdade

Quando algo acontecia com os homens confusos de minha vida, eu costumava tomar aquilo para mim. Eu não conseguia ver Deus operando porque estava demasiadamente preocupada sobre como as coisas poderiam impactar a mim, minha família e outras pessoas ao meu redor. Eu me sentia descontrolada.

A maior necessidade que muitas mulheres têm é a de se sentirem seguras. Como encontramos paz e segurança em todas as coisas, especialmente no caos do homem em conflito de nossa vida?

Eu amo o que Sarah Young escreveu em seu livro *Jesus Calling* (Jesus chamando). Ela o escreveu como se Deus estivesse falando:

> Faça de mim o ponto focal da sua busca por segurança. No íntimo dos seus pensamentos, você ainda está tentando colocar ordem no seu mundo para que ele seja previsível e dê uma sensação de segurança. Isso é não só uma meta impossível, mas também contraproducente para o crescimento espiritual. Quando o seu mundo interno parece estar instável e você pega a Minha mão para se apoiar, você está vivendo em dependência consciente de mim. Em vez de ansiar por uma vida sem problemas, alegre-se porque o problema pode enfatizar a sua consciência da Minha presença.[4]

O que ela disse? Alegre-se quando um problema se apresenta a você, porque os problemas podem enfatizar a sua consciência da presença de Deus. Tiago disse algo semelhante sobre considerar as suas provações como alegria, porque a provação da sua fé produz perseverança (TIAGO 1:2,3).

No devido tempo, descobri que o que Deus estava fazendo nos homens em conflito de minha vida não precisava me ferir. Eu não tinha de deixar as vidas instáveis deles me abalarem. Deus pode agir até mesmo através dos nossos momentos mais sombrios.

Então, o que acontece se o homem de sua vida sofre uma queda? Como você lida com isso sem desmoronar?

Sentada diante de um amigo conselheiro, deixei minhas emoções ardentes se derramarem. A certa altura, ele disse:

—Uau, isso deve ser difícil.

—O quê? — perguntei.

—Carregar os fardos de todas essas pessoas.

Ele estava certo. Eu estava tão preocupada com os outros — como eles poderiam ser afetados, o que eles poderiam pensar — que nem percebia que eu estava me tornando responsável por eles. E eu não tinha de ser. Eu só precisava me dar permissão para viver a minha própria vida e amá-los. "Você não pensa que Deus é suficientemente grande para lidar com as vidas deles?" — meu amigo perguntou.

Eis aqui seis coisas a fazer quando você vê Deus agindo na vida do seu homem em conflito:

1. *Não personalize.* Se o que está acontecendo na vida dele tem a ver com ele, não faça com que tenha a ver com você também. Ele está lutando. Isso é difícil, porque, quando estamos conectados, as lutas dele nos impactam. Lide com o impacto das ações dele e confie em que Deus resolverá tudo.
2. *Resista ao impulso de jogar o jogo da culpa.* "Quando fazemos isso", — diz a terapeuta Michelle Kugler — "colocamos a outra pessoa na defensiva e ela se torna imediatamente resistente a assumir a responsabilidade pela situação. Como resultado, qualquer queixa que você tenha cairá em ouvidos surdos e isso poderá causar tanta dor e raiva quanto a queda da soberba. Em vez disso, demonstre empatia e amor incondicional. Isso exigirá uma grande ajuda da parte de Deus".[5]
3. *Permaneça fora do turbilhão.* Nunca é fácil ver o homem de nossa vida lutar com alguma coisa. Queremos resgatar, entrar na questão e proteger. Imagine um tornado. Você pode saltar para o centro ou sair e permitir que Deus aja em meio a ele. Se ele vier contra você, vai doer. Você pode se solidarizar com o sofrimento

dele, pode incentivar e apoiá-lo, mas não entre na lama e atole com ele. Nas palavras de meu conselheiro e amigo, "não é uma confusão!". Pode parecer ser, mas confie em que Deus está agindo em todas as coisas.
4. *Crie um lugar seguro.* Nós criamos um lugar seguro amando incondicionalmente. Deixe-o começar a assumir a responsabilidade pelas escolhas e comportamentos dele. Isso não significa que você deve minimizar os atos dele ou a forma como foi ferida por ele. Quando o seu homem é capaz de se apropriar dos erros e transgressões dele, é mais capaz de "olhar para cima", recuperar a sanidade e fazer verdadeiras mudanças.
5. *Entregue.* Entregue a Deus. Ele consegue lidar com o caos muito melhor do que você.
6. *Ore.* Nunca pare de derramar a Deus palavras pelo bem do seu homem. Não estamos nos segurando de maneira prejudicial quando oramos; estamos intervindo pelo bem de alguém que amamos.

Certa vez, Deus me revelou que eu não tinha de tentar corrigir os homens de minha vida. O Senhor me mostrou que poderia corrigi-los, desde que eles o estivessem procurando.

Uma nova fase à espera

DAVE ✳ O nosso Deus compassivo e amoroso nos faz atravessar os nossos tempos de escuridão e uma nova aurora se levanta. Ele deseja continuar a Sua boa obra em nós. Eis o que aconteceu a Nabucodonosor: "Mas ao fim daqueles dias, eu, Nabucodonosor, levantei os olhos ao céu, tornou-me a vir o entendimento, e eu bendisse o Altíssimo, e louvei, e glorifiquei ao que vive para sempre..." (DANIEL 4:34).

Observe a sequência aqui. Em primeiro lugar, Nabucodonosor olhou para o céu; em segundo, a sua sanidade voltou; em terceiro, ele adorou a Deus. Ele havia comido grama durante sete anos antes de olhar para cima. Ele poderia ter olhado mais cedo e se poupado de algum sofrimento? Quero pensar que sim. Porém, a boa notícia é que Deus espera continuamente que levantemos os nossos olhos para o céu.

Em seguida, Nabucodonosor descobriu que a sua sanidade havia retornado. Claramente, antes ele havia acreditado que estava no controle de seu mundo, que por suas próprias mãos ele mesmo se havia feito rei do seu próprio reino. Aquilo era insanidade. Quando assumimos crédito pela bênção de Deus e a graça de Deus, estamos definitivamente loucos. Quando temos nossos olhos postos em qualquer lugar que não seja Deus, podemos facilmente perder o foco sobre o nosso propósito e lugar.

Em Lucas 15:11-32, Jesus conta a história do filho pródigo, que pegou a sua herança e saiu de casa. Ele escolheu deixar a mesa do banquete de seu pai e desperdiçar todo o seu dinheiro com festas e amigos. Na época em que ele gastou o seu último centavo, aconteceu uma grande fome. O filho pródigo se viu em verdadeiro apuros, sem dinheiro, sem amigos, sem família e sem trabalho. Ele acabou encontrando um emprego de cuidador de porcos e estava com tanta fome que comia o alimento dos porcos.

Observe o que aconteceu em seguida. Em um momento de definição, como Nabucodonosor, ele caiu em si (LUCAS 15:17). O filho pródigo decidiu voltar para casa e seu pai o restaurou gloriosamente à sua posição anterior.

O rei Nabucodonosor olhou para cima, recebeu sua sanidade e, em seguida, como expressão natural de gratidão, adorou a Deus. Nós nunca erraremos ao adorar a Deus. A adoração é um claro sinal de sanidade. A adoração é onde Deus pretendia que o rei estivesse o tempo todo. Porém, Nabucodonosor não poderia chegar ao ponto de adorar a Deus devido ao seu ego. E assim acontece conosco: se acreditamos que fomos nós que estabelecemos os nossos reinos, não temos espaço para adorar a Deus. Estamos ocupados demais adorando a nós mesmos.

A humilhação de Nabucodonosor levou à restauração do seu reino para ele. "Tão logo me tornou a vir o entendimento, também, para a dignidade do meu reino, tornou-me a vir a minha majestade e o meu resplendor; buscaram-me os meus conselheiros e os meus grandes; fui restabelecido no meu reino, e a mim se me ajuntou extraordinária grandeza" (DANIEL 4:36).

O rei recebeu o seu reino de volta. O filho pródigo teve seu anel, suas roupas e sua família restaurados a ele. E Deus tem algo para você também! Deus nunca nos permite ser quebrados sem a promessa de cura e restauração.

Agora, pois, eu, Nabucodonosor, louvo, exalço e glorifico ao Rei do céu, porque todas as suas obras são verdadeiras, e os seus caminhos, justos, e pode humilhar aos que andam na soberba. (DANIEL 4:37)

TINA ✼ A humildade nos acompanha até a cruz, enquanto o orgulho bloqueia o caminho. Quando o homem de nossa vida recupera o bom-senso e deixa as suas confusões na cruz, Deus vê, ouve e restaura — exatamente como fez a Nabucodonosor e ao filho pródigo.

Em Daniel 4, esse rei disse: "...buscaram-me os meus conselheiros e os meus grandes; fui restabelecido no meu reino, e a mim se me ajuntou extraordinária grandeza" (v.36). Eu amo esse versículo. Os maiores amigos do rei (e, mais do que provavelmente, também a sua família) o procuraram. Em outras palavras, eles perguntaram, oraram e pediram informações por ele. Eles não o abandonaram ou repudiaram. Eles não o ignoraram ou tripudiaram sobre o seu fracasso; eles permaneceram preocupados, mas mantiveram os seus próprios corações em bom lugar enquanto Deus trabalhava no coração do rei. O rei reconheceu essa lealdade em seus familiares, amigos, conselheiros e nobres.

A vida pode nos subjugar. Infelizmente, em nossas igrejas, aqueles com quem nos reunimos, comungamos e oramos, e com quem compartilhamos os nossos segredos mais profundos, podem se levantar contra nós com um grande bastão na mão. É fácil para as pessoas se esquecerem das próprias vidas confusas quando as confusões de outra pessoa estão penduradas na frente delas. O que admiro no círculo do rei Nabucodonosor é que eles permaneceram firmes e esperançosos de que, algum dia, o rei retornaria à sua posição adequada. Louve a Deus por pessoas que pisam *conosco* e não *em nós*!

O político francês Charles de Montesquieu é amplamente creditado por ter dito: "Para se tornar verdadeiramente grande, uma pessoa tem de estar com as pessoas, não acima delas". Senhoras, a minha oração é que vocês tenham uma paixão ardente por ficar com os homens em conflito de suas vidas, não acima deles (nem abaixo deles). Estejamos *juntos* em amor e humildade, buscando a face de Deus e Seu terno cuidado. Quando uma mulher atravessa tempos difíceis com o homem que ela ama, também encontra, no fim, uma

---

Seis coisas para fazer enquanto Deus age no homem orgulhoso:

1. Não o personalize.
2. Resista ao impulso de jogar o jogo da culpa.
3. Fique fora do turbilhão.
4. Crie um lugar seguro.
5. Entregue a Deus.
6. Mantenha-se orando.

grande cura em sua própria vida. Compreensivelmente, as mulheres têm dificuldade de andar com alguém que está trilhando um caminho rebelde. Acima de tudo, permita que Deus acompanhe *você* no caminho certo, enquanto Ele continua a estender a mão aos homens de sua vida.

Deus é um Deus bom e amoroso que deseja restaurar. Ele restaurará os homens, como fez com Nabucodonosor, ao lugar onde eles precisam estar, às suas posições de direito, se eles permitirem que Ele o faça. Ore diligentemente, confiando em que Deus terminará a boa obra que Ele começou na vida do homem confuso. A restauração acontece quando nós escolhemos nos humilhar, converter-nos dos nossos caminhos pecaminosos e andar com Deus. Porque Deus "...não se esquece do clamor dos aflitos" (SALMO 9:12). No fim, o homem em conflito de sua vida poderá tornar-se "ainda maior do que antes".

Superando o conflito

1. Como você definiria orgulho?
2. Como você definiria os homens de sua vida (arrogantes, humildes, amáveis, equilibrados, agradecidos, arrogantes, tímidos, deprimidos, sombrios)?
3. Considere o seu relacionamento com cada homem que você caracterizou acima. Que passos você deu para andar com esse homem? Quem é mais arrogante no seu relacionamento? Reflita sobre Provérbios 16:18. O que ele está dizendo?
4. Reflita sobre um momento em que o seu próprio orgulho se expressou de uma maneira ruim.
5. Leia Provérbios 11:2. Que sabedoria as mulheres podem extrair dessa passagem das Escrituras?
6. Mudando-se para um lugar mais saudável: Revise "Seis coisas para fazer enquanto Deus age no homem orgulhoso". Em que

áreas você poderia ter mais dificuldade? Que passos você pode dar para sair de momentos confusos repletos de soberba para um lugar mais saudável (seja por conta própria ou com um homem de sua vida)?

Que o Senhor o torne humilde diante
do Seu trono e levante você
com um coração pronto para a cura.

3

SAUL

Um governante imprudente

*Como cidade derribada, que não tem muros,
assim é o homem que não tem domínio próprio.*

PROVÉRBIOS 25:28

TINA ✽ Ok, vamos acabar logo com isso, falar às claras, dizer as palavras — compulsivo por controle. Certa vez, alguém empurrou em minhas mãos um livro chamado *The Control Freak* (O maníaco por controle), do Dr. Les Parrott III. Torci o meu nariz para o pensamento. Eu, controladora? Nem pensar!

Entretanto, ao folhear o livro, descobri que eu tinha, sim, tendências controladoras. Hoje entendo de onde muitas delas vieram. Eu cresci em um lar instável com um pai controlador. Quando criança, eu não tinha controle sobre a minha vida. Mas, à medida que cresci, aprendi a controlar as coisas que eu podia controlar — para melhor ou pior. Eu não tinha ideia de como administrar bem a minha vida.

Talvez você também esteja tentando controlar ou administrar a sua vida. Porém, Deus é o único que pode regular as nossas vidas, polvilhar paz sobre nós como uma neve suave e eliminar a tensão.

Em seu livro, o Dr. Parrott identifica dez qualidades de um compulsivo por controle:

1. Desagradável;
2. Persistente;
3. Invasivo;
4. Obsessivo;
5. Perfeccionista;
6. Crítico;
7. Irritável;
8. Exigente;
9. Rígido;
10. Tem a mente fechada.[1]

Você reconhece a si mesmo — ou talvez alguém com quem você vive? As mulheres controladoras são diferentes dos homens controladores? Os homens exibem comportamentos controladores de uma maneira mais agressiva do que as mulheres? Na verdade, uma pessoa controladora é realmente alguém que está fora de controle. Talvez os homens de sua vida sejam imprudentes ao tentar governar os seus lares.

DAVE ✻ O controle parece preferível àquilo que tipicamente pensamos como o seu oposto — o caos. Todavia, eu quero sugerir que o oposto de controle não é caos. É *confiança*, e a confiança é muito preferível ao controle. Queremos controlar porque temos o resultado de deixar Deus estar no controle. Temos não ser cuidados, não ter aquilo de que precisamos ou que os outros tirem proveito de nós. Porém, tentar estar no controle é fútil, porque, na realidade, há muito pouco que podemos controlar.

Eu não me consideraria um maníaco por controle, mas tive meus momentos. Eu vi o problema chegar e lutei, irritei-me e me exauri tentando controlar as circunstâncias e as situações. Uma das coisas mais impossíveis de controlar é algo que anda por aí com duas pernas chamado ser humano. Eu manipulei e fiz birras tentando fazer com que as outras pessoas se comportassem da maneira que me parecia ser a melhor. Afinal, não é preciso alguém controlar os maus comportamentos dos outros?

Mas, depois de cinquenta e um anos de vida neste planeta, incluindo quase 30 anos de casamento, cheguei à conclusão de que a única coisa que consigo controlar é a minha atitude. Tudo o mais é fantasia. Tentei controlar meus filhos. Tentei controlar minhas igrejas. Tentei controlar meu cão Gavin. Tentei até controlar Tina (não foi uma boa ideia). Um sinal claro de quando estou tentando controlar coisas, pessoas ou circunstâncias é que eu fico frustrado, desenvolvo uma atitude ruim e, habitualmente, acabo ficando com raiva.

Muitos homens da Bíblia lutaram com problemas de controle. Um deles se destaca particularmente: Saul, o primeiro rei de Israel.

Uma espera difícil

Espero que você dedique um tempo à leitura dos capítulos 9 e 10 de 1 Samuel. Você encontrará um surpreendente homem de Deus que parece não ter falhas. Ele é "...moço e tão belo [...] desde os ombros para cima, sobressaía a todo o povo" (1 SAMUEL 9:2). Um homem que se preocupa com os outros e seus sentimentos, que não quer que sua família se preocupe com ele e quer ter a certeza de que tem o presente certo para o profeta Samuel quando conhecê-lo.

Saul é ungido por Samuel como governante de Israel. Nós vemos o coração de Saul ser transformado por Deus e pelo Espírito de Deus vindo sobre ele. Saul é até capaz de profetizar com os profetas do Senhor. E, além disso, esse novo rei parece ser humilde. Quando chega o momento de sua proclamação pública como rei de Israel, ele é encontrado escondido. "Então, disse Samuel a todo o povo: Vedes a quem o SENHOR escolheu? Pois em todo o povo não há nenhum semelhante a ele. Então, todo o povo rompeu em gritos, exclamando:

Viva o rei!" (10:24). Quem não desejaria ter um homem como Saul como rei? Quem não desejaria ter um homem como Saul em sua família? Que rapaz!

Frequentemente é dito que se você pressionar uma pessoa, descobrirá o que há realmente nela. Aplique pressão suficiente e ela mostrará quem realmente é. Saul é fortemente pressionado em 1 Samuel 13. Seu filho Jônatas atacou uma das guarnições dos filisteus e provocou o exército desse povo. "Os filisteus reuniram-se para lutar contra Israel, com três mil carros de guerra, seis mil condutores de carros e tantos soldados quanto a areia da praia [...] Quando os soldados de Israel viram que a situação era difícil e que o seu exército estava sendo muito pressionado, esconderam-se em cavernas e buracos, entre as rochas e em poços e cisternas" (vv.5,6 NVI). Quase conseguimos sentir a pressão aumentando sobre o jovem rei. "...o povo que permaneceu com Saul, estando este ainda em Gilgal, se encheu de temor" (v.7). Saul ainda está no controle das coisas, mas muito ligeiramente. As pessoas que estão com ele estão tremendo — e isso nunca é um bom sinal para um exército.

"Esperou Saul sete dias, segundo o prazo determinado por Samuel; não vindo, porém, Samuel a Gilgal, o povo se foi espalhando dali" (v.8). O povo trêmulo se tornou um povo em dispersão. Imagine-se no lugar de Saul. Você pode sentir o buraco começando a crescer no seu estômago. Carros e cavaleiros do inimigo, mais o que parece ser uma infantaria sem fim, estão preparados para a batalha contra você. As suas tropas estão morrendo de medo e começando a desertar. Você esperou angustiantes sete dias para Samuel, o profeta de Deus, aparecer e oferecer o sacrifício antes da guerra. O sétimo dia está terminando, e Samuel ainda não está à vista. Você tem de fazer alguma coisa!

Então, disse Saul: Trazei-me aqui o holocausto e ofertas pacíficas. E ofereceu o holocausto (v.9).

O medo de Saul pelo desconhecido e sua tentativa de controlar o que parece ser um caos iminente o levam a cometer um grande pecado. Tomando os elementos em suas próprias mãos, ele oferece um sacrifício que está além da sua alçada.

Vamos colocar isso em perspectiva. Saul não está fugindo do campo de batalha, negando sua fé ou se escondendo entre a bagagem. Ele está fazendo muita coisa certa. Além disso, ele enfrenta um exército aparentemente incontável, suas próprias forças já reduziram a insignificantes seiscentos homens que não têm espadas ou lanças (v.22). Saul não está confiante de que as coisas darão certo se nada mudar. Eu também não confiaria. Eu também me encontraria oprimido por dúvida e desespero e, provavelmente, muito irritado com Samuel. Onde está aquele sujeito, afinal?

Eis aqui o que eu sei que é verdade: frequentemente, os homens em conflito entram em pânico e tentam controlar o caos. Esperar é uma das disciplinas espirituais mais difíceis.

Esperar é CONFIAR

Deus quer que confiemos nele e resistamos ao desejo de controlar. Falando pessoalmente, quando eu tento controlar, é porque

---

O que é CONFIAR?

— ✳ —

Crer totalmente em Deus.
Ouvir sempre a orientação do Senhor.
Não duvidar dos planos de Deus.
Fidelidade e submissão ao Senhor.
Ir a Sua presença diariamente.
Aceitar Sua vontade e Seu tempo.
Reconhecer que só Jesus tem poder para transformar.

estou preocupado e com medo e quero evitar a dor. Eu tenho seiscentos homens com paus enfrentando um inimigo bem armado, e o resultado não parece bom.

Ironicamente, Samuel aparece logo após o sacrifício ser oferecido e repreende Saul por sua precipitação. Como resultado, o reino de Saul não durará. Ele agiu de maneira tola, e as consequências estão chegando.

Então, o que acontece na batalha? Bem, Saul e Jônatas e seus seiscentos agricultores derrotam o inimigo. E eu acredito que, mesmo que Saul tivesse esperado mais uma semana para Samuel aparecer, eles teriam vencido a batalha. Mesmo que só restassem Saul e Jônatas, eles teriam vencido a batalha.

As muitas vezes em que tentei assumir o controle levaram-me, por vezes, ao sucesso e, por vezes, ao fracasso. Mas foram decisões minhas. As decisões que o seu próprio homem em conflito toma não são posses suas e não lhe cabem controlar. Da mesma maneira que Deus quer ensinar o seu homem a confiar, Deus também está ensinando você a confiar.

TINA ✳︎ Você e eu não estamos sozinhas no nosso trato com homens controladores. As mulheres da Bíblia também enfrentaram homens fortes, assim como homens que ultrapassavam limites saudáveis. Talvez o homem de sua vida goste que as coisas sejam feitas de uma certa maneira. Ele não é abusivo, apenas controlador (Se você está lidando com um homem abusivo, procure a ajuda de um profissional licenciado). Talvez o seu homem se desestruture em situações fora de controle e você não tenha ideia de como reagir. Como viver com um homem assim?

Como as mulheres da vida de Saul lidavam com viver com um homem controlador?

Ainoã, a Esposa
Pouco é dito sobre Ainoã, a esposa de Saul. Recordando, nos tempos bíblicos as mulheres eram tratadas e cuidadas de uma maneira diferente daquela do mundo atual. Há alguma discussão entre os estudiosos da Bíblia quanto a Davi ter se casado com a esposa de Saul ou com outra mulher também chamada Ainoã. Se, de fato, Davi se casou com a esposa de Saul, temos muito assunto.

O exército de Davi cresceu em força e número ao se apresentar para a guerra entre Saul e ele mesmo. Ele era um homem sábio; suas táticas e manobras para assegurar sua ascensão ao trono eram bem concebidas. Eu não me surpreenderia se Davi tivesse tomado Ainoã por esposa. Porém, ninguém realmente sabe.

Tantas perguntas sobre a vida dessa jovem senhora e ninguém para respondê-las! No entanto, uma coisa que sabemos sobre Ainoã é o nome dela. E isso é importante. Desde o início, os nomes bíblicos tinham importância. Desde Adão, o "primeiro homem", até Moisés, que significa "tirado das águas", os nomes tinham significado e propósito.

Muitos de nós conseguem rastrear o próprio nome ao longo das gerações anteriores. Você pode viver em Nova Iorque, mas ter recebido o nome de sua tia-avó, Bertha May. Não quero ofender as Bertha Mays, mas você não preferiria um nome adequado à sua personalidade e, talvez, a Nova Iorque?

As pessoas me perguntam:

—O seu nome vem de Christina?

—Não, é apenas Tina.

—Não vem de Kristina, Valentina ou algo assim?

—Não, é apenas Tina.

Minha mãe me deu o nome Tina porque um nascimento prematuro me tornou minúscula (em inglês, *tiny*). Alguém disse "Tiny Tina" e pegou. Eu deixei de ser Tiny, mas ainda sou Tina.

Quando em era jovem, meu irmão com necessidades especiais decidiu me chamar "Teener Wiener" (em inglês, algo como "salsichona"). Até hoje, ele ainda me chama assim. *Por quê?* Não faço ideia. Eu odiava aquilo e tentava corrigi-lo. Mas, afinal, se me chamar de salsichona o faz feliz, eu fico em paz com isso.

Porém, embora os nossos próprios nomes possam não fazer sentido, os nomes bíblicos eram escolhidos para se adequarem à pessoa, cultura, religião e assim por diante. Eles eram "nomes históricos". Esses nomes contavam histórias e transmitiam a história.

Ainoã significa "'irmão de brincadeiras', no sentido de 'irmão agradável ou querido'".[2] Com base em seu nome, podemos supor que ela irradiava uma beleza que agradava aos outros. Podemos imaginar uma jovem de quem as pessoas gostavam de estar perto; uma mulher que falava suavemente e, talvez, se abstinha de forçar as suas opiniões sobre os outros; respeitadora de seu marido e prazerosa em todos os sentidos. Casada com um rei, ela precisava demonstrar essas qualidades publicamente. Mas, se também apresentasse esse tipo de caráter nos bastidores, isso diz algo a mais.

É claro que estou especulando; nós realmente não conhecemos o verdadeiro caráter de Ainoã, além daquele implícito no seu nome. Como era a sua vida de casada com Saul? Ela simplesmente cumpria os seus deveres de esposa de um rei e deixava a vida acontecer como queria que fosse? Ela experimentava o que algumas mulheres do mundo atual recebem de seus maridos — ira e controle? Afinal, Saul exibia claramente características controladoras. Ele poderia ser desagradável, invasivo, irritável, exigente, rígido e de mente fechada.

Mas quão controlador era Saul? Os capítulos 13 a 18 de 1 Samuel revelam o seguinte:

- Instruído a esperar sete dias por Samuel, em vez disso Saul tomou os elementos em suas próprias mãos e fez ele mesmo a oferta de sacrifício.

- Saul, tolamente, proibiu seus soldados de comerem qualquer alimento antes de irem para a batalha.
- Saul ordenou a morte de seu próprio filho por desobedecer a uma ordem.
- Ignorando o mandamento de Deus de destruir totalmente os amalequitas e tudo que eles possuíam, Saul poupou seu rei, Agague, assim como suas ovelhas e cabras.
- Saul se voltou contra Davi e passou o resto de seus dias tentando assassiná-lo.

Como as mulheres de Saul reagiram? Como Ainoã manteve a integridade de seu nome — ou não? Se, em meio ao comportamento abusivo e controlador de Saul, de algum modo ela manteve seu caráter e personalidade, ela era "a" mulher. As pessoas a viam no centro da vida confusa de Saul e diziam: "Aquela é Ainoã, a Agradável?". Gostaríamos de pensar assim, porque admiramos mulheres assim.

Um nome diz muito. Qual é o *meu* nome? — pergunto-me. *Como as pessoas me chamam?* Caramba! Tenho um pouco de medo de ouvir a resposta. E a mulher que vive com um homem controlador? Que caráter ela demonstra? Como as pessoas a chamam? Veja bem, o comportamento controlador de um homem pode transformar uma mulher — alterar o nome que outros dão a ela — o nome que ela dá a si mesma.

Rispa, a concubina

De todas as mulheres da Bíblia, Rispa, a concubina de Saul, é uma das mães mais determinadas que uma criança poderia ter. Ela também é uma mãe que sofreu grande perda por causa do homem de sua vida.

Eu me coloco no lugar dela e, imediatamente, choro. Que sofrimento ela suportou! A magnitude de sua bravura, força e afeto diminuem os meus momentos de força.

Rispa não conseguia controlar Saul e suas mudanças de humor. Ela não conseguia controlar seu comportamento, seu ciúme ou a maneira como ele tratava os outros. E ela não conseguia controlar os seus inimigos, que, por vingança, algum dia exigiriam a morte de seus filhos por causa do pecado de Saul.

Depois da morte de Saul, quando Davi assumiu o trono, Israel sofreu três anos de seca. Após buscar o Senhor, Davi ficou sabendo que a seca se deveu à execução dos gibeonitas por Saul. Davi perguntou aos gibeonitas o que ele poderia fazer para endireitar as coisas. A resposta deles foi: "...de seus filhos [descendentes de Saul] se nos deem sete homens, para que os enforquemos..." (2 SAMUEL 21:1-6).

Embora tivesse poupado Mefibosete, o filho de Jônatas (v.7), Davi entregou os dois filhos de Rispa juntamente com cinco dos netos de Saul. Depois disso, Rispa saiu para onde os sete homens estavam enforcados, abriu um pedaço de pano de saco sobre uma rocha e acampou-se nele. Com o passar do tempo, o mau cheiro dos corpos atraiu urubus, mas Rispa atirou pedras, golpeou as aves com membros longos e gritou a elas: "Vão embora! Deixem meus filhos em paz!". Todo som chamava a sua atenção. Dia após dia, noite após noite, ela fazia vigília sobre os corpos enegrecidos, em decomposição — Incapaz de controlar o resultado do que aconteceu, mas administrando o que podia.

Administração ou Caos

Alguns meses atrás, vi um pássaro estranho que se destacava no quintal. Toda vez que eu ia para fora, o pássaro grasnava e crocitava, criando um enorme tumulto. Achei muito estranho ele exibir aquele comportamento em campo aberto. Depois de algum tempo, meu filho e eu percebemos que a ave havia feito um ninho no chão e posto quatro ovos. Dia após dia, nós observamos a mãe e o pai se revezarem no cuidado de seus filhotes. Nem chuva, nem calor, nem inundação os impedia de montar guarda. Emoções incontroláveis envolveram meu coração. De alguma maneira, vi-me ser sugada para a vida deles — responsável por garantir que os ovos estivessem a salvo. Eu só tinha uma preocupação: o nosso labrador de 45 quilos. Cada vez que Gavin vagava por perto do ninho, nós o repreendíamos: "Não!". Nós fizemos o melhor que pudemos para esconder e proteger os ovos. Até cercamos o ninho com pedras para nos certificarmos de que não pisaríamos neles acidentalmente.

Certa manhã, logo cedo, deixei Gavin sair para aliviar-se, observando cuidadosamente para garantir que ele não se aproximasse do ninho. Tudo estava bem até que as orelhas de Gavin se levantaram e a sua cabeça se virou. Ele decolou como um relâmpago e enfiou seu grande focinho no ninho. Eu corri até a porta e gritei: "Gavin, não!". Meu coração disparou. Pus um pé para fora da porta e olhei para minha camisola e nossa cerca de arame. Corri rápido e agarrei o que pude. De repente, me vi correndo pelo quintal encharcada, descalça, vestindo o robe de flanela xadrez de meu pai e empunhando um grande guarda-chuva azul. Tenho certeza de que acordei os vizinhos. Bastaria olhar para mim para me achar totalmente louca! Infelizmente, Gavin comeu as aves antes de eu chegar até ele. Meu coração afundou. *Como isso pôde acontecer? E no meu turno de sentinela?* Após colocar o cão na casa de cachorro, eu chorei durante horas. Por quê? Porque eu não consegui salvar os pássaros. Com o passar das horas, vim a entender que nunca tive controle sobre algo que eu sentia *ter* controle. Lembrete difícil. E nossas almas doem e criam empatia com Rispa em seu desespero para controlar um resultado provocado pelo homem de sua vida.

Rispa não poderia resgatar Saul de seu comportamento controlador, de seus inimigos ou do impacto que seus erros causaram na vida dela. Em vez disso, Rispa administrou o que ela *podia* e deixou o resto por conta de Deus. Eis o que Rispa administrou:

- A maneira como ela reagiu ao resultado do pecado de Saul;
- O que ela fez com o tempo dela depois da morte de seus filhos;
- Como ela protegeria os corpos de seus filhos contra animais e aves;
- Seu método de assegurar que seus filhos tivessem um enterro adequado, independentemente de quanto demorasse;
- Sua dedicação de concluir a sua tarefa.

Provavelmente, Rispa orou para que as chuvas caíssem e acabassem com a seca de três anos. Talvez ela esperasse que Davi veria os seus atos e tivesse misericórdia dela e de sua família. No fim, o rei Davi deu aos seus filhos e aos netos de Saul um enterro adequado.

Diferentemente da demonstração corajosa de Rispa, algumas mulheres podem ter se escondido de tudo. Você está se escondendo de um homem controlador ou de sua incapacidade de controlar as suas circunstâncias? Se eu estivesse aí, cairia de joelhos, estenderia a minha mão sob a cama e a incentivaria a sair.

Eu gostaria que você ouvisse as palavras de Isaías — como Deus deseja "...[dizer] aos desalentados de coração: Sede fortes, não temais. Eis o vosso Deus. A vingança vem, a retribuição de Deus; ele vem e vos salvará" (ISAÍAS 35:4). Deus vai salvar você. Mas você precisa sair de debaixo da cama, sair do canto, sair da escuridão. Afastar-se da dor para a cura e para um lugar melhor.

Meu coração queria pegar o ninho do pássaro e colocá-lo num lugar seguro, mas, devido à maneira como a mãe o construiu, eu não pude ajudá-la. Você tem uma escolha, minha amiga: ficar onde está, ou sair da escuridão em direção à cura. Parte da cura de Rispa veio em sua determinação de proporcionar um enterro adequado.

Assim, enquanto Deus está agindo no seu homem confuso, há coisas na vida que você *pode* administrar:

- Continuar ou não sendo vítima;
- A quem você dará permissão para falar ao seu coração;
- Como você reagirá ao que perceber como momentos de conflito e controladores;
- De que maneira você confia em Deus no dia a dia;
- Como confiar que Deus transformará o homem de sua vida — e a sua vida;
- Caso precise fazer alguma mudança se estiver com sua integridade física em risco.

Quando você determina que se cansou de estar abatida e esgotada, deseja uma versão melhor de você e está pronta para encontrar a cura, estabelecer limites saudáveis, trabalhar a comunicação e começar a viver a sua vida — então, não é tão controlada quanto pode se sentir. Eis aqui cinco coisas para praticar ao viver com um homem controlador:

1. *Tome a decisão de mudar.* Avalie a sua situação. Conclua que o comportamento controlador do seu homem em conflito a afetou. Essa conduta depreciou, prendeu, confinou, espancou, magoou, feriu ou sufocou você? Se a resposta for sim, admita que você foi ferida e quer fazer algo a respeito. Decida trabalhar a sua mágoa. Deus corrige atitudes e distribui novos corações.
   Ezequiel 36:26 diz: "Dar-vos-ei coração novo e porei dentro de vós espírito novo...". Decida que, mesmo quando tiver problemas, você entregará a sua dor a Deus e permitirá que Ele a cure e oriente. Isso significa ir para um lugar seguro se o homem controlador ferir você.
2. *Reconstrua.* Se você se sente abatida, é hora de reconstruir. Deus tem uma maneira incrível de consertar pedaços quebrados. Comece permitindo que Ele reconstrua a sua confiança. Hebreus 10:35,36 diz: "Não abandoneis, portanto, a vossa

confiança; ela tem grande galardão. Com efeito, tendes necessidade de perseverança, para que, havendo feito a vontade de Deus, alcanceis a promessa." A confiança infunde perseverança e esta nos ajuda a avançar em direção à cura. Converse com o seu pastor, receba aconselhamento ou use livros de autoajuda cristãos. Comece a ver a si mesma como Deus a vê: como uma filha preciosa de Cristo.

3. *Mude o seu pensamento.* Recentemente, ouvi um pastor dizer: "Uma mente renovada vive a partir de um lugar de integridade, não de fragilidade". Deus é o único que pode realinhar os nossos pensamentos doentios ao dele — transformando a visão de nós mesmos. O seu valor depende do que Deus diz de você, não das opiniões dos outros. Edifique a sua autoestima. Ao fazer isso, você encontrará a coragem necessária para obter ajuda para estabelecer limites saudáveis e encontrar a sua voz. Substitua os pensamentos negativos com bons pensamentos. Substitua "eu sou inútil" por "...por modo assombrosamente maravilhoso me formaste; as tuas obras são admiráveis, e a minha alma o sabe muito bem" (SALMO 139:14). Substitua "não consigo fazer nada direito" por "Tudo posso naquele que me fortalece" (FILIPENSES 4:13). Aceite que "...todos tropeçamos em muitas coisas..." (TIAGO 3:2) e que não há problema nisso.

Substitua as mentiras que vêm da boca de Satanás por palavras e perspectiva de Deus sobre quem você é. "O inimigo recebe poder pela concordância humana. Concordar com qualquer coisa que ele diz dá a ele um lugar para matar, roubar e destruir. Nós alimentamos a nuvem de opressão ao concordar com o nosso inimigo."[3] Não temos de nos prender a palavras que ferem e roubam o nosso valor — nem aceitá-las como verdade.

4. *Cerque-se de pessoas positivas.* Pessoas que não têm nada de bom para dizer a respeito dos outros eventualmente a farão sentir-se mal.
5. *Valorize-se — porque o Senhor o faz.* Ele formou você, criou você, ordenou os seus passos e deu a Sua vida para que você pudesse viver. Ele a resgatará se você assim o permitir.

Eu amo a história da rainha Vasti do livro de Ester. Após sete dias de festa, o marido ébrio de Vasti, o rei Assuero da Pérsia, ordenou que ela fosse buscada e exibida, com a coroa na mão, diante de todos os convidados dele. Apesar das duras consequências que certamente enfrentaria por desobedecer ao rei, a rainha Vasti determinou que valorizar-se era muito mais importante do que qualquer outra coisa.

O fim correto

Saul perdeu seu trono, seu reinado, sua família e sua vida. Eu gostaria que todos os relacionamentos tivessem um fim de conto de fadas, mas a vida é muito mais difícil do que isso. As mulheres se agarram a tudo que podem controlar nos seus relacionamentos para obterem o fim correto.

Quando eu era mais jovem, costumava pescar com meu pai. Bem dentro da mata, em seu local de pesca secreto, frequentemente pegávamos pequenas percas. As emoções aumentavam a cada mordida na isca. Recolhendo a linha, frequentemente encontrávamos um peixe no fim da linha, mas outras vezes o anzol estava vazio, sem a isca. Quando pegávamos um peixe, frequentemente o soltávamos na lagoa.

Como mulheres, nós gastamos boa parte de nossas vidas pegando e soltando. Você se lembra do dia em que pegou o seu homem (ou ele pegou você)? O meu homem entrou na minha vida vestindo uma camiseta de beisebol vermelha e branca de meias-mangas e um boné de beisebol. Seu cabelo era cortado curto nos lados e longo em cima e atrás (estávamos na década de 1980), saindo pela parte de trás do boné. Seu sorriso me tirou o chão. Uau! Mesmo hoje, aquela memória acende faíscas. Eu o peguei ou ele me pegou? Penso que pegamos um ao outro.

Pegar é fácil; soltar é a parte difícil. Porém, o único controle que realmente temos em relação aos nossos homens é a capacidade de soltá-los. Eu não sei o que parece para você liberar um homem controlador. Sei que, se conseguimos liberar nossas mágoas, medos e preocupações a Deus, Ele sabe como cuidar deles — e do homem em conflito. Depende de você, minha amiga. Você segurará o que você pegou ou o soltará para Deus?

Liberar não significa abandonar o seu relacionamento; significa entregar o seu relacionamento. Quando nós entregamos algo, abrimos mão do controle sobre aquilo. Ironicamente, nós soltamos o nosso controle sobre a pessoa controladora.

Certa autora diz: "Renunciar significa entregar — o que é diferente de desistir. Por meio da renúncia, ocorre uma genuína entrega dos nossos direitos a Jesus Cristo como Senhor da nossa vida."[4]

A nossa liberdade vem quando libertamos os outros. Com que se parece o liberar?

- Abrir mão de tentar controlar os homens em conflito de nossa vida;
- Abrir mão de tentar controlar a nossa própria vida;
- Amar a nós mesmas o suficiente para estabelecer limites saudáveis;
- Procurar ajuda quando precisamos dela.

Jennifer Strickland, uma ex-modelo que ajuda mulheres a construírem uma autoimagem sadia, disse: "Quando você é jovem, não percebe o que o mundo pode fazer a um menino ou o que um menino pode fazer a si mesmo. Eu não poderia resolver o problema que [os meninos] tiveram com abuso de substâncias, depressão, escola, dinheiro e outras coisas. Embora eu tentasse jogar uma corda, eles não tinham nem a esperança e nem a fé para agarrá-la — e eu, certamente, não tinha força para levantá-los."[5]

Os meninos crescem e se tornam homens. Quantas cordas nós jogamos a eles? Nós não podemos consertar os homens em conflito de nossa vida e nem, como diz Jennifer, temos a força para tirá-los dos seus erros. Nós só podemos orar para que eles encontrem a esperança e a fé necessárias para agarrar a corda que Deus joga para eles.

Se o homem permitir que Deus capture o seu coração, o Senhor fará uma grande obra na vida dele. Ele o libertará dos seus pecados e renovará um espírito reto dentro dele. Deus seja louvado por resultados como esse. Eles são o fim correto, o fim que queremos, desejamos e pelo qual oramos. Que assim seja, minhas amigas!

Bem, o que aconteceu à mamãe pássaro? Após contar ao meu filho sobre a confusão de Gavin, ele disse:

—Provavelmente, agora ela foi fazer um novo ninho.

—É bem possível, filho.

Cinco coisas para praticar ao viver com um homem controlador:

1. Comece **mudando** a sua atitude e as suas circunstâncias ao focar os seus pensamentos em Cristo;
2. **Reconstrua** a sua autoestima e confiança;
3. **Transforme** os pensamentos negativos em pensamentos positivos;
4. **Cerque-se** de pessoas encorajadoras;
5. **Valorize-se** como Deus valoriza você. Permita que Ele a resgate.

Superando o conflito

1. Como você definiria controle? É hora de confessar. Você é obsessiva por controle?
2. Você vive, ou já viveu, com uma pessoa controladora? Como você lidou com isso? Talvez você seja a controladora no relacionamento. Como o homem de sua vida lidaria com você?
3. Por que você pensa que Saul decidiu fazer o sacrifício em vez de esperar pelo profeta Samuel? O que impulsiona os homens ao controle?
4. Como você supõe que ter um marido controlador impactou as mulheres da vida de Saul? De que maneira um marido controlador pode impactar uma mulher?
5. Fale sobre mulheres da atualidade que vivem com homens controladores. De que maneira os homens controladores hoje agem diferente dos homens do passado?
6. *Mudando-se para um lugar mais saudável:* Leia Gálatas 5:22,23. O fruto do Espírito envolve que tipo de controle? Pessoas controladoras não o têm. De que maneiras uma mulher pode levar autocontrole ao se relacionar com um homem controlador?

Que Deus leve paz e luz à sua vida.
Que a cada respiração você expire estresse,
tensão e ansiedade, entendendo que,
por intermédio de Cristo, a cura ocorre.

4
MOISÉS
Um libertador destrutivo

*Ainda que um homem irado ressuscite os mortos,
Deus se desagrada da ira dele.*

AGATÃO, MONGE EGÍPCIO DO SÉCULO QUATRO

TINA ✴ Certa vez, quando eu era adolescente, uma mulher da minha igreja me pediu para ajudar a fazer salada cortando tomate. Meu coração disparou quando segurei a faca. *Como devo cortá-lo?* Não era que eu não soubesse cortar; minha mãe tinha me ensinado como fazer as coisas na cozinha. Minha hesitação estava enraizada em algo que meu pai havia plantado em meu coração — medo. E se eu cortasse o tomate do jeito errado?

Finalmente, perguntei: "Como devo cortar?"

A mulher olhou para mim e sorriu. "Como você quiser."

Mesmo então, eu não sabia por onde começar. É estranho como algo tão simples pode se tornar um obstáculo enorme. Mas esse é o impacto que a raiva de outra pessoa pode ter. Houve um tempo em que eu era incapaz de colocar um selo em um envelope sem me certificar de que ele estava reto. Até hoje, quando meu marido se agita com a política ou o futebol, a ansiedade se atiça dentro de mim.

Neil Anderson e Rich Miller escreveram:

> Todos nós desenvolvemos um ou mais padrões carnais, ou fortalezas, de raiva. Podemos ter consciência de quais são os nossos padrões e podemos ter grande sucesso em superar aqueles aspectos carnais por meio do poder libertador do Espírito. Por outro lado, podemos não ter consciência dos nossos próprios padrões carnais e, portanto, ter feito pouco para superá-los. Muitas pessoas que se encontram nessa condição simplesmente presumem que é assim que elas são — e outras simplesmente terão de conviver com isso porque aprenderam a conviver com isso. Ou podemos estar em algum lugar no meio — desconfortáveis com a maneira como administramos a nossa raiva, mas sem o discernimento necessário para fazer qualquer coisa a respeito.[1]

Eu justificava a raiva de meu pai dizendo a mim mesma: "Ele não é cristão". Entretanto, os cristãos também lutam com a raiva. Os mais sábios e eruditos também lutam. Até mesmo aqueles que são chamados "amigo de Deus" lutam com a raiva. E o homem em conflito? Ele certamente luta.

DAVE ✷ Moisés — que homem surpreendente! Os altos e baixos de sua vida são de tirar o fôlego. Ele foi resgatado da morte certa quando era um bebê hebreu e foi criado no lar da realeza egípcia. Porém, quando o poder deu lugar ao assassinato, Moisés perdeu sua posição e fugiu para o lado oculto do deserto. Restaurado e recuperado por Deus, ele retornou ao Egito com nada além de uma equipe e um chamado divino para libertar aquilo que alguns acreditam que foi mais de um milhão de escravos hebreus. Depois, vagando no deserto com os filhos de Israel, Moisés criou uma nação, construiu um exército e mudou a história. Sem dúvida, Moisés foi um poderoso homem de Deus!

Contudo, assim como o seu homem em conflito, Moisés teve problemas a superar, porque ele era um homem raivoso e a sua raiva criaria algumas consequências devastadoras em sua vida.

"Naqueles dias, sendo Moisés já homem, saiu a seus irmãos e viu os seus labores penosos; e viu que certo egípcio espancava um hebreu, um do seu povo. Olhou de um e de outro lado, e vendo que ninguém ali havia, feriu ao egípcio, e escondeu-o na areia" (ÊXODO 2:11,12).

Moisés era muito arrogante, muito tolo ou muito irritado. Ele não sabia que seria pego? Havia uma testemunha de seu crime — o mesmo escravo hebreu que ele tinha salvado da brutalidade do egípcio. No dia seguinte, "...Temeu, pois, Moisés e disse: Com certeza o descobriram" (ÊXODO 2:14).

Moisés cometeu um crime passional. Ele não estava pensando nas consequências, nem estava interessado em usar a sua posição na casa de Faraó para conter o capataz abusivo. Ele simplesmente queria o homem morto.

Eu nunca matei uma pessoa, mas sei como é estar com raiva descontrolada. Em tempos passados, às vezes eu tinha de me policiar. Algumas críticas adicionadas à minha insegurança fervilhante poderiam me levar ao ponto de ebulição. Quase sem aviso, eu despejaria justificativas defensivas e golpes pontiagudos. Talvez, como eu e muitos homens, Moisés tenha reagido a um estímulo externo que colidiu com os seus sentimentos de vergonha, culpa, indignidade etc.

Quem sabe? O que sabemos é que ele matou um homem e, em seguida, dentro de vinte e quatro horas, começou a sentir o efeito total de sua ação precipitada. Fazendo as malas apressadamente, ele saiu pelo deserto, onde passaria os quarenta anos seguintes de sua vida.

Entre uma rocha e um lugar difícil

A vida de Moisés nos oferece muitas oportunidades para especularmos sobre as forças e fraquezas do seu temperamento. Consideremos outro incidente que foi tão crítico para o futuro dele quanto ele ter matado o egípcio.

Números 20 descreve como o povo se juntou contra Moisés porque não havia água para beber. Isso era sério, e Moisés e Arão fizeram a coisa certa ao se apresentarem diante do Senhor e buscarem o Seu conselho. A resposta de Deus foi cristalina: "Toma o bordão, ajunta o povo, tu e Arão, teu irmão, e, diante dele, falai à rocha, e dará a sua água..." (v.8). Agora, perceba a reação de Moisés à orientação de Deus: "Então, Moisés tomou o bordão de diante do Senhor, como lhe tinha ordenado. Moisés e Arão reuniram o povo diante da rocha, e Moisés lhe disse: Ouvi, agora, rebeldes: porventura, faremos sair água desta rocha para vós outros? Moisés levantou a mão e feriu a rocha duas vezes com o seu bordão..." (NÚMEROS 20:9-11).

É impossível entender por que Moisés se desviaria da ordem clara do Senhor. Deus já havia feito tanto pelo bem de Israel, e Moisés certamente confiava que Deus podia e desejava libertar o Seu povo novamente. O texto não menciona a ira de Moisés, mas os seus insultos ao povo revelam um homem zangado.

Mesmo assim, água abundante fluiu da rocha em resposta ao ato de Moisés. Porém, Deus não fez pouco caso daquele comportamento. "Mas o Senhor disse a Moisés e a Arão: Visto que não crestes em mim, para me santificardes diante dos filhos de Israel, por isso, não fareis entrar este povo na terra que lhe dei" (NÚMEROS 20:12).

Aí está. A desobediência de Moisés lhe custaria muito. Devido à sua raiva, ele seria privado exatamente daquilo a que toda a sua vida vinha direcionando — a libertação final do povo para a sua terra natal.

Perceba a raiz do pecado de Moisés: "Visto que não crestes em mim, para me santificardes..." (NÚMEROS 20:12). Isso é enorme. É a raiz não só da raiva, mas de todo tipo de pecado: a descrença. Nós a vemos transparentemente em nossa própria raiva. As coisas não acontecem à nossa maneira. As pessoas não fazem o que pensamos ser o melhor. Nós ficamos frustrados e irritados. Ficamos com raiva. Em vez de confiar que Deus fará todas as coisas para o nosso benefício, nós intervimos.

Em vez de falar à rocha, Moisés gritou com o povo e feriu a rocha; em vez de confiar em Deus, nós mesmos manipulamos as pessoas e golpeamos o que quer que esteja no nosso caminho. As consequências são devastadoras para nós, para nossas famílias e para todos que estão ao nosso redor. Como ocorreu com Moisés, os nossos atos também podem nos custar os objetivos da nossa vida.

Talvez o seu homem em conflito se encontre, como Moisés, entre uma rocha e um lugar difícil. Como Moisés, ele responde com raiva. E você não tem ideia do que fazer com esse homem raivoso em sua vida. Talvez você precise começar chegando aonde o salmista chegou:

Pois quem é Deus, senão o SENHOR*? E quem é rochedo, senão o nosso Deus?* (SALMO 18:31)

Pois, no dia da adversidade, ele me ocultará no seu pavilhão; no recôndito do seu tabernáculo, me acolherá; elevar-me-á sobre uma rocha. (SALMO 27:5)

Deus, a Rocha, pega-nos e nos coloca em uma pedra grande, além do caos da correnteza de água. Ele nos faz adentrar a Sua tenda sagrada para nos manter seguros. A parte difícil é permitir que Deus nos pegue. Nós vamos voluntariamente ou chutamos e gritamos ao longo do processo? Nós o procuramos, corremos para Ele? Cheguemos ao lugar onde Ele verdadeiramente se torna *a Rocha* em nossa vida.

No processo, ao lidar com homens raivosos em sua vida, lembre-se e pratique deste acróstico: **DESCANSE**:

Dependa de Deus e fique calma. Para haver uma discussão, são necessárias duas pessoas. Dito isso, você poderá evitar discussões aprendendo a permanecer calma, respirando calmamente e se recusando a "pôr mais lenha na fogueira".

Entenda. Tente compreender de onde alguém está vindo. A empatia olha além das palavras e dos atos e busca entender a origem de um problema. Ela sente a dor da outra pessoa e se identifica, de coração, com a dor, a frustração e o modo de pensar dela, mesmo que seja um modo errado de pensar. Empatia não significa negligenciar, repudiar ou justificar más atitudes ou comportamento; significa compreender a outra pessoa.

Saiba ouvir. Seria bom para nós aprender a ouvir o que realmente está sendo dito — e o que *não* está sendo dito. Frequentemente, as palavras são distorcidas e os significados são mal interpretados. Um ataque agressivo poderá significar acusações injustas, comentários depreciativos e reclamações tempestuosas. Adquira o hábito de repetir para a pessoa o que você a ouviu dizer e, em seguida, perguntar: "Eu ouvi isso corretamente?".

Confronte se necessário. Todos nós precisamos estabelecer e manter limites saudáveis. Se alguém violar seu espaço, sua sanidade ou sua segurança, retire-se da situação. Diga algo como "Nós podemos tentar discutir isso depois, quando as nossas emoções não estiverem tão fortes".

Aja conforme o seu papel. Um bom amigo, Tom Pals, me ensinou: "O fato de ser pessoal não significa que você tem de tomar aquilo como pessoal". Os problemas dos outros podem transbordar facilmente para o nosso espaço, então tomamos suas palavras e seus atos como pessoais. Frequentemente, podemos desarmar situações simplesmente nos afastando e percebendo que a raiva ou má atitude de alguém nada tem a ver, realmente, conosco. Deixe a outra pessoa ter o chilique dela sem você. Porém, se você tiver um papel na situação, reconheça-o e aceite a responsabilidade.

Não desanime!

Seja sábia!

Exercite-se na oração!

Oito maneiras de relaxar ao lidar com um homem raivoso

❋

Dependa de Deus e fique calma;
Entenda;
Saiba ouvir;
Confronte se necessário;
Aja conforme o seu papel;
Não desanime;
Seja sábia;
Exercite-se na oração.

Uma boa necessidade

TINA ※ Megan[2], de 16 anos, estacionou o carro e saiu dele rapidamente. Sons muito conhecidos estavam vindo da casa. *Ele está com raiva de novo.* Ela subiu os degraus frágeis, abriu a porta, e um peso agarrou a sua garganta ao entrar.

Então, ouviu-se o som de uma mão atingindo outra pessoa. Era um som ao qual Megan havia se acostumado, mas detestava. Embora ela o ouvisse com frequência, ele nunca perdeu o impacto sobre o seu vulnerável coração.

Ela fez uma pausa momentânea. *Apenas passe por eles* — pensou ela. Mas emoções há muito tempo reprimidas cresceram dentro dela, agarrando suas entranhas, debatendo-se para sair. E a fúria despertou e fluiu através dela: Não! *Desta vez será diferente.* Desta vez, ela não apenas passaria, fingindo que nada estava acontecendo. Ela deixou sua raiva conduzi-la através da sala e, de repente, lá estava ela, bem em frente ao seu pai, com o dedo trêmulo apontando para o rosto dele. "Tire as suas mãos de cima dela! Nunca mais bata nela!" — berrou ela.

Megan estremeceu com o despertar de sua própria ira. Ela nunca havia levantado a voz para o pai, e agora a agitação em seu estômago forçava o caminho para sair. Ela correu para o banheiro. Sua mãe entrou pouco depois e colocou um pano frio no rosto corado de Megan. "Está tudo bem agora", disse sua mãe. "Está tudo bem".

Você se identifica com a história de Megan? A mãe de Megan não era a única que sentia o impacto dos atos de seu marido; Megan também o sentia. Talvez você tenha crescido com um homem raivoso e abusivo. Ou talvez você viva com um homem em conflito que luta com a raiva. E, em algum momento, a raiva dele acendeu uma raiva recíproca em você. Crescer nesse tipo de ambiente torna difícil encontrar a sua voz. E, quando você a encontra, pode não saber como usá-la de maneira adequada e eficaz.

Meu pai era um homem raivoso quando bebia. Seu comportamento imprevisível me assustava. Em certo minuto ele parecia ótimo, mas, no próximo, podia explodir como um vulcão. Eu não tinha ideia de como a raiva do meu pai me impactava até sair de casa para cursar a faculdade. Foi quando descobri que eu havia me tornado uma pessoa raivosa, tão irritada com a raiva do meu pai que eu não conseguia ver que estava me comportando do mesmo modo — até um fim de semana que transformou a minha vida.

Tudo começou com uma conversa com meu pai e meu irmão pelo telefone público (isso aconteceu antes de os telefones celulares se popularizarem). A raiva queimava profundamente; fiquei tão brava que pensei que ia explodir. Tenho certeza de que toda a vizinhança me ouviu.

Naquele domingo, na igreja, uma manhã que nunca esquecerei, o pastor falou sobre perdão. Eu ainda me irritava; amargura e raiva formavam um calo sobre a minha alma. Entretanto, carregar o peso das minhas emoções era exaustivo.

No fechamento de sua mensagem, o pastor perguntou: "Você está disposto a entregar a sua amargura a Deus? Está disposto a permitir-se perdoar os outros que o magoaram?". Eu estava segura e fora de casa agora, mas queria levantar-me e gritar "Não!". Porém, algo mais aconteceu. Três palavras simples detiveram a minha ira: *Você está disposto?*

"Eu quero, Senhor", sussurrei. "Eu preciso. Ajuda-me. Por favor, perdoa-me!".

A única maneira de descrever o que aconteceu a seguir é pedir a você para imaginar um turbilhão — não um tornado, mas um redemoinho de vento menos forte. O topo dele tocou minha cabeça e percorreu meu corpo inteiro. Eu me senti encapsulada por essa estranha sensação. Todo o meu corpo tremia e formigava. A sensação desceu pelo meu corpo e subiu novamente. Quando o vento parou, lágrimas correram pelo meu rosto, e eu senti uma liberdade que não sentia havia muito tempo. O peso foi embora, o fardo retirado, e eu me senti livre. Vi-me olhando para um enorme quadro-negro onde eu tinha escrito todas as mágoas, decepções, medos, injustiças e momentos de raiva que eu havia experimentado com meu pai. De alguma maneira, o quadro-negro foi limpo. Ele estava ali, mas eu não tinha ideia do que havia sido escrito nele antes daquele momento.

Eu gostaria que a nossa liberdade pudesse sempre vir ao estalar de um dedo ou aparecer magicamente numa brisa fresca, mas isso raramente acontece dessa maneira. Habitualmente, nós temos de nos esforçar para conseguir. Agora entendo que aconteceu um milagre em minha vida. Deus é quem alivia os fardos e assegura a liberdade. Ele tem o poder de transformar vidas. Entretanto, concluí que algumas coisas precisavam ocorrer em meu coração para que Deus pudesse fazer a Sua obra:

Eu precisava estar cansada da minha raiva. Eu estava cansada de me sentir sobrecarregada e com raiva o tempo todo. Suportar constantemente o peso das minhas emoções dolorosas era um esforço tremendo, e eu me sentia exausta na mente, no corpo e na alma.

Eu precisava estar pronta. Cheguei a um ponto em que a oportunidade de acenar uma bandeira branca me olhou cara a cara, e eu a aceitei. Entrega. Eu precisava disso. Entreguei voluntariamente a Deus o meu sofrimento.

Deus nos permitirá carregar os nossos próprios fardos pelo resto de nossa vida, se quisermos. Mas eu já carrego peso suficiente. Eu realmente preciso disso também? Deus está sempre sussurrando: "Vinde a mim, todos os que estais cansados e sobrecarregados, e eu vos aliviarei. Tomai sobre vós o meu jugo e aprendei de mim, porque sou manso e humilde de coração; e achareis descanso para a vossa alma. Porque o meu jugo é suave, e o meu fardo é leve" (MATEUS 11:28-30).

Eu precisava ser tocada. O Espírito Santo veio e me tocou. Eu jamais esperava isso e, sendo uma jovem universitária, fiquei espantada com a rapidez com que o toque do Senhor transformou o meu coração. Porém, também pedi a Deus para vir e me ajudar. Eu solicitei a Sua presença.

A liberdade que Deus me trouxe me permitiu ficar cara a cara com um homem que me feriu e, mesmo assim, amá-lo. Muitos anos depois, meu pai entregou sua vida a Cristo, parou de beber e se transformou. Ainda agora, penso com carinho nos momentos em que ele estava consertando carros quebrados, acordando cedo para preparar o café da manhã, ou dirigindo durante horas para fazer uma visita e tomando escondido sorvetes de creme. O relacionamento pai-filha pelo qual eu ansiava floresceu em algo muito especial.

Como você encontra a liberdade de sua própria raiva e rancor? Comece por reconhecer como está cansada da sua situação. Não a suporte mais. Libere os seus fardos. Convide Deus para transformar a sua vida.

Como viver com um furioso homem em conflito

Várias mulheres da Bíblia dão grandes exemplos de o que fazer e o que não fazer quando se vive com um homem em conflito que luta com a raiva. Eu compartilho suas histórias completas no livro *Wounded Women of the Bible* (Mulheres feridas da Bíblia), que escrevi em coautoria com Dena Dyer; gostaria de destacar aqui algumas visões úteis.

A mãe de Icabô (1 SAMUEL 4:8-21)
A mãe de Icabô era casada com um sacerdote corrupto que cometeu adultério abertamente. Ele roubou ofertas dos israelitas, desrespeitou seu pai e não deu atenção à liderança e orientação de Deus. Ele levou a arca da aliança para a batalha e ela foi roubada pelo inimigo.

> **O que não fazer** — ficar amargurada. Quando a mãe de Icabô soube que o marido, o cunhado e o sogro haviam morrido, e que a arca havia sido capturada, ela ficou amargurada. Ela acreditava que, na sua circunstância, a glória do Senhor havia partido. Sua amargura a levou a dar ao seu filho recém-nascido o nome "Icabô", que significa sem glória.

> **O que fazer** — ficar firme. Tessalonicenses nos diz: "...retende o que é bom; abstende-vos de toda forma de mal" (1 TESSALONICENSES 5:21,22). A mãe de Icabô perdeu de vista o que era bom: seu filho — um filho que poderia trilhar um caminho diferente do se deu pai e levar honra ao nome de sua família. Embora tivesse morrido pouco depois de dar à luz, ela poderia ter abençoado o seu recém-nascido dando-lhe o nome *Kabowd*, que significa "glória".

Antes de meu pai se transformar, minha mãe enfrentou devastação todos os dias de sua vida. Frequentemente, eu me perguntava de onde ela tirava forças para suportar a fúria de meu pai. Ela orava, lia a Bíblia, focava-se no Senhor, permanecia firmemente ao lado de Deus, e determinou que, no fim, Deus teria a glória. E Ele teve!

A raiva de um homem é um sintoma de algo mais profundo. Nós vemos a carnalidade e o pecado aparentes. Deus também os vê, mas também vê além deles; Ele vê o bem no homem que Ele criou. Se eu não tivesse visto com os meus próprios olhos, nunca teria acreditado que seria possível — que Deus pudesse transformar um homem cheio de ira em um filho cheio de paz.

Jezabel (1 REIS 21)
O rei Acabe e sua rainha, Jezabel, eram pessoas más que se alimentavam do comportamento pecaminoso do outro. Ao ver Acabe deprimido pela recusa de outro homem em lhe vender a vinha da família, Jezabel mandou apedrejarem o homem até a morte para que Acabe pudesse obter a propriedade. Ainda que Jezabel fosse responsável pelos seus próprios atos, ela se alimentava do comportamento doentio do marido. Isso não é tão diferente do que acontece nos relacionamentos atualmente.

Considere essa profunda declaração do relato bíblico: "Ninguém houve, pois, como Acabe, que se vendeu para fazer o que era mau perante o Senhor, porque Jezabel, sua mulher, o instigava" (v.25).

Uau! Eu nunca desejaria ouvir o oposto ser dito a meu respeito: que eu fiz mal aos olhos do Senhor porque fui influenciada pelo meu marido. Se o homem de sua vida ficar com raiva, reconheça que as emoções dele pertencem a ele. Você não tem de possuí-las ou portar-se da mesma maneira. Por meio de Cristo, que lhe dá força, você pode mudar a maneira como sempre reagiu à raiva dele.

> **O que não fazer** — alimentar-se do comportamento do seu homem. Algo acontece conosco quando somos confrontados com a raiva de outra pessoa. Frequentemente, voltamo-nos para dentro ou permitimos que a nossa própria raiva ferva. Quando percebemos, já estamos gritando com a pessoa que nos irritou. Vemos no relacionamento de Acabe e Jezabel que eles se alimentavam do comportamento negativo um do outro.
>
> **O que fazer** — plantar a Palavra de Deus em seu coração. Ouça Tiago: "Sabeis estas coisas, meus amados irmãos. Todo homem,

pois, seja pronto para ouvir, tardio para falar, tardio para se irar. Porque a ira do homem não produz a justiça de Deus. Portanto, despojando-vos de toda impureza e acúmulo de maldade, acolhei, com mansidão, a palavra em vós implantada, a qual é poderosa para salvar a vossa alma" (TIAGO 1:19-21). Enchamos nossos corações com a Palavra de Deus, para que o que sair de nossa boca possa ser mais de Deus do que da nossa carne.

Todos nós lutamos. Mesmo ao escrevermos este capítulo, meu marido e eu começamos uma discussão, que se transformou em desentendimento, que se transformou em... bem, você sabe. Naquele dia, nós não fomos rápidos e nem lentos nos caminhos de Deus. "Prontos para ouvir" — não, não fomos. "Tardios para falar" — não, também não. Tardios para nos irarmos — três erros, e nos separamos como o mar Vermelho. Eu gosto porque sempre nos unimos para revisar esses momentos. A única maneira de podermos fazer isso é nos lembrarmos do que a Palavra de Deus ensina e cultivar os frutos do Espírito que nos ajudam a viver um com o outro de uma maneira semelhante à de Cristo.

Abigail (1 SAMUEL 25:2-38)
Abigail vivia com um homem cruel e tolo. Conhecido por sua mesquinhez, Nabal aprontou uma confusão ao ficar zangado com os homens de Davi e negar-lhes comida e água. Alguns aspectos do caráter de Abigail, que ela demonstrou em resposta a isso, podem nos ajudar quando vivemos com um homem assim.

O que não fazer — incentivar o comportamento dele.
O comportamento de Nabal era dele, assim como as suas consequências. Nós incentivamos o homem em conflito de nossa vida a continuar fazendo o que ele faz quando consertamos os erros dele, arranjamos desculpas para ele,

corremos para consertar as coisas e tentamos impedi-lo de colher o fruto das suas ações.

O que fazer — proteger. Abigail fez o que pôde para proteger seus servos e sua família. Sem dizer nada ao marido, ela reuniu comida e suprimentos para Davi e seus homens e correu para encontrá-los antes de eles chegarem à sua casa. Você poderia dizer que Abigail se apressou para limpar a bagunça de Nabal, mas ela fez isso por um bom motivo: para proteger os membros inocentes da família das consequências que pertenciam somente ao seu marido. Sua bravura e pensamento rápido salvaram vidas.

O que não fazer — provocar. Mais tarde na vida, aprendi que a raiva é apenas um sofrimento voltado para o interior. Antes dessa revelação, eu deixava a minha raiva provocar os outros. Eu não entendia que eu só queria que os outros se machucassem tanto quanto me machucaram. Agora, quando percebo que estou com raiva, entendo que só estou sofrendo. Eu procuro maneiras saudáveis de trabalhar através do meu sofrimento (e, às vezes, ainda entendo errado).

Abigail não provocou o marido. Ela teve o cuidado de escolher um momento adequado para conversar com ele.

O que fazer — escolher os seus momentos. Abigail escolheu não confrontar seu marido durante o momento em que ele estava mais exposto. Embora ela pudesse ter invadido o quarto e gritado: "Você sabe o que eu acabo de fazer por você?", ela escolheu esperar. "Voltou Abigail a Nabal. Eis que ele fazia em casa um banquete, como banquete de rei; o seu coração estava alegre, e ele, já mui embriagado, pelo que não lhe referiu ela coisa alguma, nem pouco nem muito, até ao amanhecer" (1 SAMUEL 25:36). Abigail compreendia o seu marido e como encontrar o momento para uma conversa que pudesse trazer frutos em vez de atrito.

Tamar (2 SAMUEL 13:1-20)

Vamos olhar para a horrível história de Tamar que foi violentada por seu próprio irmão, Amnon, no capítulo 8. Por agora, permita-me compartilhar brevemente alguns conselhos tirados da experiência de Tamar, incluindo o que ela fez certo.

O que não fazer — permanecer em perigo. Meu coração dói por você que sofreu o impacto do abuso físico. Eu convivi com esse tipo de raiva durante muitos anos e conheço a devastação que ele pode causar em outro ser humano.

Tamar experimentou a horrível ferida de ser estuprada por alguém que lhe era próximo, e o que aconteceu em seguida só aprofundou a ferida. "Depois, Amnom sentiu por ela grande aversão, e maior era a aversão que sentiu por ela que o amor que ele lhe votara. Disse-lhe Amnom: Levanta-te, vai-te embora" (2 SAMUEL 13:15).

Se você vive em uma situação física ou sexualmente abusiva, esperança e ajuda estão disponíveis, mas você precisa estar disposta a buscá-las. Mantenha-se segura (e a sua família também) saindo de um ambiente perigoso. Busque a ajuda de alguém que possa ajudá-la e valorize-se o suficiente para aceitar essa ajuda.

O que fazer — encontrar um lugar seguro. Eu conversei com mulheres que deixam seus agressores e depois voltam para eles repetidas vezes. Esse é um ciclo difícil de quebrar. Porém, o que

Tamar fez? Após o estupro, ela deixou o palácio e foi viver com seu irmão Absalão. Tamar encontrou um lugar seguro.

Se você estiver sofrendo abuso físico, procure ajuda. Distanciar-se não significa para sempre. Se o homem irado de sua vida estiver disposto a procurar ajuda, Deus está esperando para restaurar o seu relacionamento. No fim, o relacionamento será melhor do que antes.

O que fazer e o que não fazer ao viver com um homem raivoso

O QUE FAZER	O QUE NÃO FAZER
• Manter a esperança;	• Amargurar-se;
• Plantar a Palavra de Deus no seu coração;	• Alimentar-se do comportamento dele;
• Proteger;	• Incentivar o comportamento dele;
• Escolher os seus momentos;	• Provocar;
• Encontrar um lugar seguro.	• Permanecer em perigo.

A Terra Prometida

"Conseguirei chegar à Terra Prometida?". Talvez essas não sejam as palavras que você usaria, mas há a probabilidade de elas expressarem a pergunta que você tem feito.

O que é a Terra Prometida? Para muitos, ela é um lar onde o abuso verbal não controla mais, onde a raiva é lançada para fora e a paz é trazida para dentro, onde se caminha sobre pétalas de rosas em vez andar sobre ovos, e onde as mãos abraçam em vez de agredir. Na Terra Prometida, o alimento permanece nas mesas, nunca são atiradas nas paredes. Corações pulsam em vez de disparar; respirar é fácil, não sufocante. Mulheres usam *blush* para realçar sua beleza, não para encobrir suas contusões.

Para Moisés, a Terra Prometida era um lugar com abundância de campos férteis, um belo lar para os israelitas. Porém, ela se tornou o grande prêmio que ele perdeu ao bater na rocha. A raiva de Moisés lhe custou a Terra Prometida. A raiva na vida de seu homem custará a ele? É possível. Porém, não podemos corrigir os homens em conflito de nossas vidas. Só Deus pode fazer isso.

O que nós *podemos* fazer é continuar a buscar a Rocha, nos firmar nela e encontrar abrigo sob a Rocha. Minhas queridas irmãs, não nos esqueçamos do que Deus disse a Moisés para compartilhar com o Seu povo que havia sido mantido cativo durante tantos anos: "...vos tenho visitado e visto o que vos tem sido feito [...] disse eu: Far-vos-ei subir da aflição [...] para uma terra que mana leite e mel" (ÊXODO 3:16,17).

Deus quer tocar você e as suas circunstâncias, incutir o que é agradável e bom. Ele deseja restaurar o seu coração e o seu lar, enchendo de luz até mesmo as fendas mais escuras. Mantenhamos a cura e a esperança de que, por meio de Cristo, as coisas podem mudar.

Superando o conflito

1. Como você definiria a ira?
2. Você teria considerado Moisés um homem irado? Por que alguns homens lutam com a raiva e de que maneira Moisés é semelhante a outros homens que se iram?
3. Moisés ficou irado por diversos motivos: os atos de outras pessoas (ÊXODO 16:20); pessoas que não seguiram instruções ou cometeram erros (LEVÍTICO 10:16,17); rebelião (NÚMEROS 16:14-16). Moisés também expressou a sua raiva fisicamente (ÊXODO 32:19) e demonstrou conduta e atitudes egoístas (NÚMEROS 11:9-15; 20:10-12). Você reconhece o comportamento dele em alguém de sua vida? Se você

estiver discutindo essas perguntas com um grupo e sentir que é seguro compartilhar, faça isso!
4. De que você gostou, ou não gostou, nos atos das mulheres descritas nesse capítulo?
5. Como as mulheres podem ajudar outras que vivem com homens irados ou abusivos? De que maneiras práticas podemos encorajar, abraçar, ter empatia, proteger e outras coisas mais? De que maneira poderíamos nos tornar proativas em ajudar mulheres em vez de descartar a sua dor?
6. Mudando-se para um lugar mais saudável: As passagens bíblicas a seguir oferecem conselhos inteligentes e práticos para administrar a raiva, seja a de outra pessoa ou a sua própria: Salmo 37:7-9; Provérbios 22:24,25; Tiago 1:19,20. Leia cada passagem, considere as implicações para a sua vida e coloque-as em prática.

O Senhor proteja você
e se coloque no caminho de um homem irado.
Deus coloque tal homem de joelhos
e fortaleça os corações esgotados.

5

JÓ
Uma Alma Doente

O sofrimento foi mais forte do que todos os outros tipos de ensino
e me fez entender o que o seu coração costumava ser.
Fui dobrado e quebrado, mas — espero — em um formato melhor.
CHARLES DICKENS, *GRANDES ESPERANÇAS*

TINA ✳ O homem rasga o manto, rapa a cabeça e cai no chão. De todas as reações possíveis às dores que tão implacavelmente o atacaram, por que isso? Ele poderia gritar, lutar ou sacudir o punho com raiva para os céus. Em vez disso, ele faz algo inesperado. Ele adora. As palavras fluem de seus lábios: "Bendito seja o nome do Senhor!"

Em seu momento de maior desespero, em meio a uma insondável agonia física e emocional, Jó louva a Deus.

No mundo de hoje, as mulheres enfrentam o desafio de cuidar de homens doentes — homens com enfermidades crônicas; homens que tiveram vidas intensas, sem limitações. Mas agora eles enfrentam restrições. Como as mulheres vivem com tais homens sem se sentirem sobrecarregadas, desanimadas ou desesperadas? Como podemos seguir o exemplo de Jó e adorarmos?

Eu já tive uma queda pelo Super-Homem. Bem, talvez pela pessoa que o interpretava. Eu sou da velha guarda e considerava o Christopher Reeves como alguém que podia fazer qualquer coisa. Seu sorriso e comportamento arrojados faziam meu coração se derreter. "Quero crescer e me casar com um homem assim", dizia eu.

Anos mais tarde, meu coração se abateu juntamente com o de incontáveis outras pessoas quando o Super-Homem caiu do cavalo. Em um instante, como aconteceu a Jó, a vida do Super-Homem se transformou. Christopher Reeves viveu o resto de seus dias com limitações físicas que fizeram com que fosse necessário outras pessoas cuidarem das necessidades dele. Apesar de trágica, essa é uma história que muitos homens enfrentam: ter uma vida saudável num minuto e desafios no minuto seguinte.

DAVE ✳ Em Jó 1:1-5, temos uma boa percepção do caráter e das maneiras de Jó. Já no primeiro versículo, lemos que ele era "...íntegro e reto, temente a Deus e que se desviava do mal". Ele consagrava habitualmente os seus filhos, "...levantava-se de madrugada e oferecia holocaustos segundo o número de todos eles, pois dizia: Talvez tenham pecado os meus filhos e blasfemado contra Deus em seu coração. Assim o fazia Jó continuamente." Que homem! Certamente, a sra. Jó escolheu um ótimo marido. Além disso, Jó transbordava riqueza: 7.000 ovelhas, 3.000 camelos, 1.000 bois, 500 jumentas e um grande número de servos. Jó era "...o maior de todos os [homens] do Oriente". Aparentemente, ele havia escolhido os números certos na loteria da vida, porque era bem-sucedido.

Jó era um homem tão bom, que seria difícil alguém sugerir que o seu sofrimento era, de algum modo, por culpa dele mesmo. De fato, as Escrituras nos dizem que o sofrimento de Jó foi o resultado de um desafio que Satanás fez a Deus. Satanás acreditava que Jó esmoreceria sob pressão e acabaria amaldiçoando a Deus. Deus aceitou o desafio, e o teste do caráter de Jó começou imediatamente. Muito rapidamente, Jó perdeu seus bens, sua família e até mesmo sua saúde. Ele passou das riquezas aos trapos em questão de dias.

Dor e Sofrimento

A dor e o sofrimento são difíceis de entender. Por que um Deus amoroso permite que seres humanos aparentemente inocentes sofram? Nós entendemos que o sofrimento é uma consequência esperada de más decisões. Entendemos a história do "salário do pecado". O que não entendemos é por que pessoas *boas* sofrem. Por que passamos por momentos difíceis, quando realmente estamos tentando confiar em Deus e obedecê-lo?

Jerry Bridges escreveu um ótimo livro sobre o tema do sofrimento: *Trusting God Even When Life Hurts* (Confiando em Deus mesmo quando a vida machuca). Como pastor de jovens, eu absorvi três verdades desse livro:

1. Deus é soberano. Ele pode fazer tudo e qualquer coisa. Ele pode tirar a minha dor apenas com um pensamento.
2. Deus é sábio. Ele sabe o que está fazendo e nunca diz "Xiii!".
3. Deus é amor. Ele está sempre cuidando dos meus melhores interesses.[1]

O meu dever, especialmente durante as provações, é confiar nessas três verdades e transmiti-las aos meus companheiros de sofrimento, que compartilham comigo o caminho da luta. Minha convicção é a de que o sofrimento é, de alguma forma, bom para nós. A dor nos molda e faz de nós tudo o que Deus nos destinou a ser.

Tive muitas experiências com dor e, até hoje, minha lesão física mais dolorosa remonta à quarta série. Certa tarde, depois da escola, encontrei-me na infeliz posição de alvo de um "amontoamento".

Não menos que seis meninos me jogaram no chão e se empilharam em cima de mim. Acredite, não foi divertido. Em certo momento, ouvi algo estalar e, imediatamente, senti uma dor terrível no ombro esquerdo. Minha clavícula havia quebrado. No pronto-socorro, o médico informou ao meu pai que o jeito de curar a fratura era puxar os meus ombros para trás enquanto me colocavam numa cinta. O doutor e meu pai ficaram atrás de mim com as duas mãos apoiando a parte superior das minhas costas, entre as escápulas. Então, o médico começou a puxar meus ombros para trás e a prender a cinta. Eu quase desmaiei. Nunca senti dor tão intensa.

Na época, o médico e meu pai pareceram cruéis. Afinal, eu não havia feito nada para merecer tal castigo. Como dois homens crescidos seriam capazes de fazer algo tão doloroso a um pequeno aluno de quarta série? A verdade, é claro, é que a dor era inevitável para que houvesse a cura adequada. Hoje, meu ombro está forte (embora ainda doa quando uma tempestade se aproxima). Mas sua força teria sido gravemente comprometida sem o tratamento agonizante para colocar o osso quebrado no lugar certo.

Por que motivo o seu homem em desordem está sentindo dor? Por que ele tem de suportar doença e sofrimento? Eu não sei. Mas Deus sabe. Só sabemos que Deus usará a dor para curar a fraqueza de seu homem — fraquezas que podem ser invisíveis ao olho humano. Pense no seu homem em desordem no contexto das três verdades que eu aprendi com Jerry Bridges:

1. Deus pode mudar as circunstâncias dele a qualquer momento.
2. Deus sabe o que está fazendo em seu amado e essa maneira é a melhor de todas — mesmo que seja dolorosa.
3. Deus ama você e ama o seu homem em desordem ainda mais do que você percebe. Deus ama o seu homem o suficiente para

puxar para trás as escápulas dele até que os ossos quebrados estejam no lugar certo.

Mulheres, independentemente do sofrimento pelo qual o seu marido possa estar passando, você pode se unir a Deus na Sua obra de cura e restauração. Mas, em primeiro lugar, vejamos um exemplo de como não tratar o seu homem em meio à aflição dele.

TINA ✳ "Então, saiu Satanás da presença do SENHOR e feriu a Jó de tumores malignos, desde a planta do pé até ao alto da cabeça. Jó, sentado em cinza, tomou um caco para com ele raspar-se" (JÓ 2:7,8).
Essa é uma imagem devastadora e eu tremo só de pensar nela. Enquanto seus amigos ficavam sentados com ele, observando em silêncio, Jó se aliviava da coceira de suas feridas da melhor maneira que podia. Ele perdeu tudo — sua saúde declinou rapidamente, os camelos e os burros foram roubados, os trabalhadores rurais e os funcionários foram assassinados, as ovelhas e os pastores foram queimados, e os filhos morreram num vendaval. Mas, e a sua esposa?
Em meio à perda de toda a sua família, pelo menos a esposa de Jó permaneceu. Como ela lidou com isso? Assim como seu marido, ela perdeu seu lar, seus servos e, mais importante, seus filhos.
O lar de uma mulher é o seu ninho. É o lugar que ela põe em ordem e nele cria os seus filhos. É ali que ela coloca fotos de momentos especiais, antiguidades passadas de geração a geração, obras de arte pintadas a dedo e colares feitos de macarrão. Esse ninho é onde ela recebe os amigos, enfrenta o bem e o mal e armazena memórias preciosas. Como esposa, eu consideraria mais do que suficiente a assolação de perder o meu lar. Mas perder os meus filhos — como mãe, não consigo imaginar esse sofrimento.

Em meio à sua própria dor, teria a esposa de Jó desistido de Deus? Uma cena da Escritura se destaca. Imagino-a desenrolando-se da seguinte maneira: Jó sentando, raspando com um pedaço de louça suas feridas que purgavam. Ocupada com as suas tarefas, sua esposa o vê sentado ali, ferido muito mais profundamente do que mostram as marcas físicas de sua doença. Ela anda para lá e cá, desejando permanecer ocupada. Seus pensamentos voam; suas emoções se avolumam. Ela se esforça para controlá-los, mas, finalmente, não aguenta mais e avança com raiva em direção ao marido. Pode essa monstruosidade que está na frente dela ser ele mesmo? Sangue e pus purgam do corpo de um homem que ela mal reconhece. "Ainda conservas a tua integridade?" — grita ela. "Amaldiçoa a Deus e morre!".

A fé dessa mulher acabou? Isso é raiva injustificada? Ou ela está simplesmente farta de tudo? Ela também sofre. Ela se aflige. Entende a dor da perda de Jó porque é também a sua própria dor.

O que ela quer dizer com "Amaldiçoa a Deus e morre!"? Essa afirmação confunde os estudiosos da Bíblia e também os leitores comuns, porque a palavra hebraica para "amaldiçoa" também pode ser traduzida como "abençoa", e envolve a ideia de ajoelhar-se.[2] O hebraico tem um duplo significado. Ele é semelhante ao provérbio moderno "Você é tão bom!". Dito em ironia, essa afirmação pode significar: "Você é mau!".

Suponhamos que a Sra. Jó tivesse dito: "Você ainda está esperando no seu Deus? Depois de tudo que está sofrendo? Por que você não apenas acaba com isso? Rejeite-o para que você possa morrer!". Ela acreditava que, se Jó jogasse a toalha, o sofrimento dele acabaria? Que, se ele amaldiçoasse a Deus, Deus acabaria com o sofrimento dele?

Então, novamente, suponhamos que ela tivesse dito: "Você ainda está sustentando a sua inocência? Por que não acaba com isso? Caia diante de Deus e se arrependa dos seus pecados, para que possa morrer." Acreditava ela que, se Jó confessasse o seu pecado, ajoelhando-se diante do Senhor, Deus abençoaria Jó libertando-o pela morte?

Em seu comentário sobre Jó, Francis Andersen coloca dessa maneira: "Ela [a Sra. Jó] vê a morte como o único bem que resta a esse homem. Ele deve orar a Deus (literalmente, 'bendizer') para ter a permissão de morrer, ou até mesmo *amaldiçoar a Deus* para morrer, um modo indireto de cometer suicídio."[3] A esposa de Jó é a única que pode interpretar o significado.

Seja como for, a pergunta é: Ela realmente conseguia ver o sofrimento de Jó? Senhoras, quando o homem de nossa vida sofre, estamos tão envolvidas com o que o sofrimento dele está fazendo conosco que não conseguimos ver nosso marido? Nós o amaldiçoamos com os nossos atos e palavras porque estamos cansadas do fardo? Quando você tiver respondido a essa pergunta, talvez estejamos prontas para avançar em lidar com as nossas circunstâncias.

Enfrentando a batalha

Jó lutou com doença, mas outros homens da Bíblia sofreram de outras maneiras. Como as mulheres de suas vidas lidaram com isso?

Mefibosete, filho de Jônatas e neto do rei Saul, tinha apenas cinco anos quando sua vida mudou. Após receber a notícia de que o pai e o avô de Mefibosete morreram na batalha e de que a família poderia estar em perigo, a ama entrou em pânico, pegou Mefibosete e, depois, deixou-o cair ao fugir com ele. A queda quebrou as pernas dele e, daquele dia em diante, ele ficou coxo dos dois pés.

Como a queda afetou a ama que cuidava de Mefibosete? Simplesmente não sabemos. Onde estava a mãe do menino? Mais do que provavelmente, Rispa, que se acredita ter sido a mãe de Mefibosete, já havia falecido. "A ama o levou para Lo-Debar, nas montanhas de Gileade, onde ele foi criado por Maquir, filho de Amiel".[4]

Além de Mefibosete e Jó, vemos outros homens da Bíblia sujeitos a diversas aflições. O Senhor disse ao rei Ezequias: "Põe em ordem a tua casa, porque morrerás e não viverás" (2 REIS 20:1). E se isso acontecesse conosco? O que faríamos com uma notícia tão angustiante? Como Ezequias, a maioria de nós viraria o rosto para a parede, choraria e clamaria a Deus.

Em seus últimos anos, meu pai revolucionou sua vida e viveu para retribuir, ir à igreja e ler a Bíblia. Em 2006, aos 78 anos, ele ficou doente. Durante a cirurgia cardíaca, seus rins deixaram de funcionar e ele acabou contraindo uma infecção hospitalar. A infecção mortal por estafilococos é difícil de combater, mesmo para um jovem com um corpo saudável, mais ainda para um homem idoso enfrentando diálise. Nós mantivemos a esperança de que papai conseguiria lutar contra a enfermidade, mas, finalmente, seu corpo não resistiu e recebemos a notícia: "Não vai demorar muito".

Quando eu era pequena, meu pai costumava me pagar um quarto de dólar para lavar os seus pés. No início, era uma maneira fácil de juntar dinheiro, mas, ao crescer, me cansei daquilo e parei. A verdade é que os pés de meu pai doíam após passar grande parte do dia de pé no trabalho. Com mais idade, ele desenvolveu diabetes e isso contribuiu para a dor nos seus pés.

Ao longo dos anos, vi minha mãe passar loção nas plantas doloridas dos pés de papai. Não pensei muito nisso até estar sentada no quarto do hospital esperando papai dar o seu último suspiro. Rodeado por máquinas e tubos, ele me deu um último abraço, apertou a minha mão e, então, entrou em sono profundo.

Durante a nossa vigília, minha mãe e eu cantamos. Nossa harmonização se espalhou para o corredor. Em meio ao seu falecimento, meu pai ouviu cantos. Então, aconteceu. Minha mãe pegou um frasco de loção e despejou nas mãos uma quantidade do tamanho de uma moeda de um quarto de dólar, aqueceu-a esfregando as palmas das mãos e, em seguida, pegando um dos pés de papai, untou-o com o creme calmante. Lágrimas escorreram pelo meu rosto enquanto eu observava mamãe massagear e acariciar os pés de meu pai como ela havia feito tantas vezes ao longo dos anos. Foi uma bela imagem de bênção.

Pela primeira vez em minha vida, entendi como era amar até o fim, abençoar até o fim e doar-se até o fim. Minha mãe esfregou os pés de papai uma última vez e aquilo partiu meu coração em milhões de pedaços.

Naquele instante, olhei profundamente para mim mesma e percebi o meu egoísmo. Meu marido havia precisado de cirurgia nos pés e eu não havia levantado um dedo para cuidar deles. Dave não vive com uma enfermidade crônica; não recebeu um diagnóstico de enfermidade potencialmente fatal, mas vive com uma dor que desconheço. Eu a percebo quando ele manca ao subir a escada. Agora, peço a Deus para me ajudar a reconhecer os momentos de necessidade de meu marido. O que eu posso fazer? Como posso abençoar? Como posso ministrar?

As mulheres nem sempre veem a verdade no sofrimento do homem. Às vezes, nos esquecemos de que ele está doente ou com dor, especialmente se a enfermidade não é exteriormente aparente e temos convivido com ela por um longo tempo. No caso de Jó, era difícil não perceber; mesmo assim, sua esposa ainda não conseguia ver. Ao invés de ajudar Jó a encontrar conforto, ela achou que era melhor ele simplesmente dar um fim à vida. Frequentemente, a nossa própria dor, como a dela, impede-nos de ministrar a outra pessoa.

Mulheres, nós também enfrentamos a batalha. Ansiamos por cura, liberdade, estabilidade, um homem saudável em nossa vida, e uma vida normal como casal, família ou amigos. Não temos ideia de como lidar com as lutas diárias de viver com um homem que sofre de uma enfermidade ou deficiência.

Certa vez, levei meus filhos de dez e doze anos para jogar tiro-a-laser. Nossos adversários eram três homens grandes com capuzes pretos. Eles pareciam vir da pior parte de uma cidade do interior. Eu pensei: *Oh, não! Estamos em apuros.* Ninguém esboçava um sorriso, porque os capuzes complementavam a sua aparência dura.

Ao entrar na sala escura, agarrei meus filhos e comecei a preleção que as mães dão aos seus filhos.

—Nós somos capazes! Nós conseguimos vencer esses caras. Agora, vamos! — disse eu com convicção.

Então entrei com tudo, tropecei nos meus pés e caí de cara no chão. Todo mundo ouviu o ruidoso baque surdo.

—Mamãe! O que você está fazendo? — vieram os sussurros.

Tentando pegar os bandidos, disse eu a mim mesma, com o nariz enterrado no chão duro. Meus filhos me levantaram.

—Por aqui — disseram eles.

Tiros e luzes piscavam por toda a sala escura. Eu segurava uma arma de tiro-a-laser, mas não tinha ideia do que fazer com ela. Meus meninos atiravam como pequenos homens do exército. Eu me encolhia atrás deles, afundava minha cabeça, escondia-me em fendas e jogava meu corpo no chão para escapar do fogo inimigo.

A verdade é que eu não tinha ideia de como lutar esse tipo de batalha. Finalmente, reconheci minha inaptidão e rendi meu corpo dolorido aos meus filhos qualificados. No fim, nós vencemos a batalha. Na verdade, meus dois filhos venceram. Aqueles homens encapuzados de olhos redondos não tinham ideia de que estavam jogando contra dois pré-adolescentes habilidosos em videogames.

A batalha que o seu homem enfrenta é difícil. Você quer ajudar — e pode, de muitas maneiras. Porém, você não pode lutar a batalha por ele. É melhor afundar a sua cabeça, seguir Deus de perto e deixar que Ele assuma a liderança. Talvez a luta não leve à cura, mas pode trazer paz, conforto, descanso, resistência, força e perseverança enquanto você caminha com homens que sofrem.

Como adicionar qualidade de vida

Há três coisas que podemos aprender com Mefibosete, Ezequias e, com toda a certeza, Jó.

1. *Viva a vida*
Mefibosete perdeu toda a sua família. Quando criança, ele sofreu um acidente que mudou todo o curso de sua vida. Foi despojado de sua realeza e criado num lugar desolado. Entretanto, no fim, o rei Davi o buscou e o restaurou à sua legítima posição. Davi não poderia devolver a Mefibosete a sua capacidade de andar, mas poderia devolver-lhe as terras de seu pai e de seu avô.

Foi então que Mefibosete começou a viver? Não. Em algum momento, ao longo do caminho, Mefibosete se casou. Ele tinha uma ajudadora, uma companheira, alguém com quem caminhar. Essa mulher, sobre a qual nada sabemos, casou-se com um homem aleijado e, juntos, eles conceberam um filho que, algum dia, levaria adiante o nome de seu pai. Mefibosete não deixou a vida em suspenso — ele avançou. E a mulher de sua vida o ajudou a fazer isso.

Encontre uma maneira de viver e desfrutar a vida com o homem em desordem física de sua vida — em todas as circunstâncias.

2. *Ponha tudo em ordem*
O Senhor disse a Ezequias para colocar os seus assuntos em ordem. Se você vive com um homem que tem uma enfermidade crônica ou potencialmente fatal, poderá ser necessário você fazer o seguinte:

> *Priorizar.* Decida o que é mais importante na vida neste momento. Para começar, se Deus não estiver no topo da sua lista, talvez seja o momento de repensar as suas prioridades. Você precisa limpar a casa ou esfregar loção nos pés? Crie tempo para as coisas mais importantes.

Viver uma vida de qualidade. Encontre coisas para fazer que levem riso, paz e alegria ao homem doente de sua vida. Mesmo reconhecendo que pode haver limitações, dedique-se a fazer algo de que ele gosta.

Meu sobrinho de 23 anos morreu alguns anos atrás, após uma longa batalha com fibrose cística. Sinto muita saudade dele. Poucos meses antes de sua morte, ele me chamou para compartilhar como ele e uma amiga foram expulsos do hospital.

—Expulso!, disse eu.

Ele riu.

—Bem, *ela* foi.

Ele a havia convencido a ir e tocar tuba para ele em seu quarto de hospital. Qualquer um que já tenha tocado tuba sabe como o som se propaga. Meu sobrinho riu sobre sua aventura e valorizou seu tempo de qualidade com uma amiga especial. Quem sabia o valor que algumas simples notas de tuba levariam a um jovem moribundo?

Preparar-se. Você nunca sabe o que um dia lhe reserva. Você disse aquelas palavras que sempre quis dizer? Dedicou-se a resolver assuntos pendentes? Não protele as coisas ou viva numa atmosfera cheia de confusão. Dá-nos paz saber que os nossos assuntos estão em ordem. Após derramar seu coração ao Senhor, Ezequias recebeu mais quinze anos de vida. Mesmo com esses anos adicionados, imagino-o colocando os seus assuntos em ordem. Ele devia honrar a Deus fazendo isso.

3. *Esteja presente*

Quando os amigos de Jó ouviram falar dos problemas dele, concordaram em visitá-lo juntos. Eles desejavam "...condoer-se dele e consolá-lo. Levantando eles de longe os olhos e não o reconhecendo, ergueram a voz e choraram; e cada um, rasgando o seu manto, lançava pó ao ar sobre a cabeça" (JÓ 2:11,12).

Inicialmente, os amigos de Jó não tinham ideia do tamanho do sofrimento dele. Eles se desmancharam ao ter o primeiro vislumbre dele à distância, porque já haviam se determinado a abrir os olhos para o sofrimento dele e os seus corações para confortá-lo. A esposa de Jó não fez nenhuma das duas coisas. Se ela tivesse verdadeiramente visto o seu marido, teria feito o que os amigos dele fizeram. "Sentaram-se com ele na terra, sete dias e sete noites; e nenhum lhe dizia palavra alguma, pois viam que a dor era muito grande"(v.13).

Mulheres, às vezes, simplesmente um homem saber que você vê o sofrimento dele e se importa pode ser o suficiente para sustentá-lo durante seu momento difícil. A sua simples presença exprime o seu profundo afeto e amor.

Tome uma atitude

DAVE ✷ Jó estabeleceu alguns exemplos que você pode praticar com o seu homem ou fazer por si mesma. Coisas boas acontecerão se você imitá-lo com esses seis princípios simples.

1. *Transforme a lamúria em adoração*
Anteriormente, Tina mencionou adoração. A adoração pode não ter sido fácil para um homem que havia perdido tudo, exceto sua fé. Sabemos que a fé que Jó tinha sobreviveu porque a reação dele à sua perda devastadora foi adorar a Deus: "Então, Jó se levantou, rasgou o seu manto, rapou a cabeça e lançou-se em terra e adorou; e disse: Nu saí do ventre de minha mãe e nu voltarei; o Senhor o deu e o Senhor o tomou; bendito seja o nome do Senhor!" (JÓ 1:20,21). Deixe-me encorajar você e o seu homem em desordem, caso ele esteja disposto, a começar a adorar a Deus em seu lugar de sofrimento.

Tina compartilha uma história dramática do seu trabalho de musicoterapeuta no setor de cuidados para pacientes terminais. Certo dia, enquanto se preparava para deixar o andar desse setor no hospital, uma enfermeira a chamou de volta para trabalhar com um paciente sofrendo de parada respiratória.

Os musicoterapeutas usam música para seguir o ritmo da frequência cardíaca de um paciente e, à medida que o terapeuta diminui o ritmo da música, na maioria das vezes a frequência cardíaca e a respiração o acompanham. No início do processo, a esposa do paciente gritou: "Cante 'Graça eterna'!". Decidindo ministrar em vez de trabalhar, Tina cantou o que lhe solicitaram. A angústia do paciente era esmagadora. Ele mal conseguia inspirar e seu peito arfava enquanto sua esposa chorava.

Bem no meio de "Graça eterna", a esposa mais uma vez deixou escapar: "Cante 'Sim, Cristo me ama'!". Tina mudou o rumo e cantou: "Sim, Cristo me ama". As lágrimas escorriam pelo rosto do homem enquanto ele cantava com ela "Sim, Cristo me ama". Suas palavras eram interrompidas e ele mal conseguia dizê-las, mas, naquele momento, ele adorou ao Deus que estava para levá-lo ao lar eterno. Seja o que for que você estiver enfrentando... adore.

2. *Aceite a sua provação*

O segundo princípio é passar à aceitação da provação. "Depois disto, passou Jó a falar e amaldiçoou o seu dia natalício" (JÓ 3:1). Jó reconheceu que a sua vida já não era mais marcada por bênção, mas que ele havia entrado em um período de provações. Ele percebeu o impacto total do que ele estava experimentando naquele momento. Em comparação com a bênção que ele havia recebido anteriormente, Jó concluiu que teria sido melhor se tivesse morrido ao nascer. Aqueles que sofreram uma grande perda conseguem se identificar com o lamento de Jó: "Por que se concede luz ao miserável e vida aos amargurados de ânimo, que esperam a morte, e ela não vem?..." (JÓ 3:20,21).

Há um estranho conforto em finalmente aceitar as próprias circunstâncias. Alguns de vocês podem ter divergências quanto a isso, porque algumas igrejas nos ensinam a rejeitar o sofrimento, a enfermidade e a doença. Não estou lhe pedindo para desistir, mas sim entregar a sua situação nas mãos de Deus. Quando aceitamos, nós entregamos. Quando entregamos, não estamos mais tentando controlar. Talvez então Deus possa finalmente assumir a liderança. É aí que nós encontramos liberdade para lidar com o problema.

3. *Compreenda o seu valor*
Ao longo do livro de Jó, vemos esse homem insistindo que sua mudança de circunstância não se deve a pecado. Ele sustenta a sua inocência — o seu valor, se você quiser chamar assim. Os dias difíceis cobram um preço, mas nós temos refrigério ao nos lembrarmos do nosso valor para Deus e uns para com os outros. Deus nos ama, sim; Deus ama o homem doente em nossa vida, sim; e Deus se importa, sim. Vale a pena lutarmos por nós mesmos. Isso é algo que precisamos saber se devemos caminhar por este vale sombrio de morte e doença.

4. *Escute Deus*
O quarto princípio é passar a escutar. Jó estava perturbado e fez algumas acusações muito surpreendentes a Deus. (Já não fizemos isso quando sofremos?) Após uma longa repreensão feita por Deus, vemos estas palavras se derramarem dos lábios de Jó: "...eu te perguntarei, e tu me ensinarás" (JÓ 42:4). Ah! Agora Jó estava pronto para entregar a Deus sua atitude e seu sofrimento. Permita-me desafiá-la a pedir a Deus a perspectiva dele sobre a sua situação. Você é capaz de aquietar-se e ouvir as palavras dele? Você estará disposta a receber as Suas palavras e, com elas, conforto e descanso?

5. Mude o seu foco

O quinto princípio é concentar-se nos outros. Mas como se estamos sofrendo tanto? "Mudou o Senhor a sorte de Jó, quando este orava pelos seus amigos" (Jó 42:10). Você percebe? Em meio à sua dor, Jó tirou os olhos de si mesmo e orou pelos outros.

Como você pode ajudar o homem de sua vida a tirar os olhos da situação dele para focar nos outros? Como mulher, você pode acompanhar o seu homem e caminhar com ele nesses momentos. Foi isso o que Jesus fez na cruz —manteve-nos em primeiro lugar em meio ao seu próprio sofrimento — e é isso o que fazemos quando Ele vive em nós.

6. Aguarde a restauração

O princípio final é mudar-se para um lugar de restauração. "Mudou o Senhor a sorte de Jó, quando este orava pelos seus amigos; e o Senhor deu-lhe o dobro de tudo o que antes possuíra" (Jó 42:10). Nos versículos que concluem o livro de Jó, vemos uma surpreendente recuperação de sua vida e fortuna.

Não posso garantir que suas circunstâncias mudarão de maneira tão drástica quanto as de Jó quando ele deu esses seis passos. O que posso garantir é que você mudará.

TINA ✳ Quando lemos essas palavras de alguém que sofreu muito, nossos corações não podem deixar de também saltar: "Houve um tempo em que eu conhecia apenas escuridão e silêncio [...] Minha vida não tinha passado ou futuro [...] mas uma pequena palavra dos dedos de outra pessoa caiu na minha mão que agarrou o vazio, e meu coração saltou ao arrebatamento de viver".[5]

Embora Helen Keller tivesse nascido com a capacidade de ver e ouvir, aos dezenove meses de vida, ela contraiu uma doença que a deixou surda e cega. Entretanto, com a ajuda de uma pessoa, a vida de Helen mudou. Ela nunca recuperou a audição ou a visão; em vez disso, recebeu esperança em uma vida repleta de sofrimento.

Que fé, encorajamento, toque suave ou palavra falada você pode colocar na palma da mão do seu homem sofredor? Você é capaz de direcioná-lo Àquele que pode substituir o vazio dele pelo "arrebatamento de viver"? E você é capaz de também tomar posse dessa grande alegria?

Nesse sentido, nas palavras do apóstolo Paulo: "...não [cessaremos] de orar por vós e de pedir que transbordeis de pleno conhecimento da sua vontade, em toda a sabedoria e entendimento espiritual; a fim de viverdes de modo digno do Senhor, para o seu inteiro agrado, frutificando em toda boa obra e crescendo no pleno conhecimento de Deus; sendo fortalecidos com todo o poder, segundo a força da sua glória, em toda a perseverança e longanimidade..." (COLOSSENSES 1:9-11).

Superando a confusão

1. Leia Jó 1:20-22. Considere a disposição mental de Jó. Para onde os pensamentos dele se voltaram? Compare a reação dele à maneira como reagimos à tragédia.

> ### Seis princípios a serem praticados para se ter um relacionamento mais saudável
>
> 1. Transforme a lamúria em adoração
> 2. Aceite a sua provação
> 3. Compreenda o seu valor
> 4. Escute Deus
> 5. Mude o seu foco
> 6. Aguarde a restauração

2. Dave mencionou três fatos sobre Deus: Deus é soberano, Deus é sábio, Deus é amor. Como essas verdades podem confortar quem vive com um homem que enfrenta uma enfermidade?
3. Você, ou alguém que você conhece, viveu com um homem que tinha uma enfermidade crônica? Que dificuldades foram enfrentadas? Como você ou eles ministraram ao enfermo?
4. Considere a esposa de Jó e a reação dela ao perder seus filhos e sua casa e, em seguida, ter de cuidar de Jó. Que dificuldades ela poderia ter enfrentado? O que ela quis dizer com "amaldiçoa a Deus e morre"?
5. Releia a lista de Dave de coisas a fazer quando se vive com um homem enfermo (transforme a lamúria em adoração, aceite a sua provação etc.). Qual delas é, ou seria, a mais difícil para você? Por quê?
6. *Mudando-se para um lugar mais saudável:* Como podemos acompanhar mulheres que cuidam de homens com enfermidades crônicas? Identifique maneiras específicas de atender suas necessidades emocionais, necessidades físicas e assim por diante.

Que o homem de sua vida encontre cura,
e que você consiga encontrar força para confortar,
ministrar e proporcionar paz.

6

ELIAS
Um desditoso profeta

*A depressão é uma prisão na qual você
é o prisioneiro sofredor e o carcereiro cruel.*
DOROTHY ROWE, *Depression: The Way Out of Your Prison*
(Depressão: O caminho de saída da sua prisão)

Elias varreu com os olhos todo o vasto panorama e tomou fôlego longamente. Seu servo também olhou e, então, se voltou para Elias.

—Fique aqui, disse Elias, afastando-se. O estalar do solo seco sob os pés pareceu mais alto do que o normal.

—Mas, mestre, aonde você está indo? O servo se moveu em direção a Elias.

—Não, fique aqui!

Elias saiu andando pelo deserto descampado. Em pé no limite da cidade, o servo observava enquanto o profeta se reduzia a um pequeno ponto e, depois, desaparecia na paisagem árida.

Horas se passaram. O suor escorria pelo nariz de Elias enquanto o sol, agora a pino, batia em sua cabeça. O silêncio pairava no ar como uma cortina.

Onde estão os seus assassinos, Jezabel? Elias olhou para trás por cima do ombro. A distância continha apenas a névoa quente e a miragem cintilante. Ninguém o seguia. Elias seguiu em frente, arrastando os pés.

Mais horas se passaram; mais quilômetros secos e desolados se passaram sob os pés. O sol deslizava do zênite para o oeste quando Elias fez uma pausa para pegar mais uma vez a sua bolsa de água de couro de cabra, desarrolhá-la e levá-la à boca. Algumas gotas eram tudo que restava — o suficiente para molhar seus lábios ressecados, nada mais.

Eu não sou capaz... Eu não sou capaz.

Um zimbro solitário acenava à distância, com sua sombra se estendendo convidativamente ao longo das areias quentes. Duzentos metros... sessenta metros... mais alguns passos... Elias caiu sob a árvore.

Não aguento mais, Senhor. Por favor, tire a minha vida. Eu sou inútil. Indigno — não melhor do que os meus antepassados.

A tarde se dissipou em noite. O sol estava se pondo, mas Elias não se importava com os tons de laranja e dourado cintilando no horizonte desértico. Estava exausto do seu dia de viagem e seu estado emocional o deixava com um desejo: que a sua dor cessasse.

DAVE ✳ Surpreendo-me com a maneira como, frequentemente, Deus ordena o meu dia. Certa manhã, enquanto Tina se dirigia ao nosso jornal local para fazer uma entrevista, decidi que iria cortar o cabelo rapidamente antes de começar a escrever. Eu vinha trabalhando neste capítulo e o tema de depressão e suicídio estava fresco em minha mente. Menos de duas semanas antes, o famoso comediante Robin Williams havia cometido suicídio. Desde então, o país vinha falando sobre depressão, e eu mesmo havia feito uma exposição bíblica sobre esse tema no domingo anterior. Estava pensando sobre o que eu queria escrever para este capítulo, mas, primeiramente, precisava cortar o cabelo. (Não é incomum eu arrumar uma desculpa para não escrever, mesmo que seja apenas um corte de cabelo.)

Perto de minha casa, há uma filial de uma cadeia de salões de cabelo que eu tenho frequentado há alguns anos — o tipo de lugar onde você entra e sai em dez a quinze minutos. Não vou com frequência suficiente para conhecer algum dos profissionais e, nesse dia em particular, fui atendido por Jane. Nós havíamos apenas acabado de discutir o clima quando ela me contou que seu noivo havia morrido em setembro passado. Dei-lhe minhas condolências e perguntei como ela estava lidando com aquilo. Após uma longa pausa, ela disse: "Você acha que as pessoas que cometem suicídio vão para o céu?".

Quarenta minutos depois, meu cabelo estava mais curto do que quando eu servira na Marinha, mas Deus me deu a oportunidade de compartilhar com Jane como ela poderia iniciar o processo de curar-se do suicídio de seu noivo. Robin Williams e o noivo de Jane tinham uma conexão com um dos mais poderosos homens de Deus da Bíblia: Elias.

O enfraquecimento

Na Escritura, Deus nos mostra que até mesmo os homens mais estáveis caem em desespero.

> *Temendo, pois, Elias, levantou-se, e, para salvar sua vida, se foi, e chegou a Berseba, que pertence a Judá; e ali deixou o seu moço. Ele mesmo, porém, se foi ao deserto, caminho de um dia, e veio, e se assentou debaixo de um zimbro; e pediu para si a morte e disse: Basta; toma agora, ó S*ENHOR*, a minha alma, pois não sou melhor do que meus pais. Deitou-se e dormiu debaixo do zimbro...*
>
> (1 REIS 19:3-5)

Chamo isso de o ENFRAQUECIMENTO de Elias. Embora só possamos especular de que maneira a história realmente ocorreu, essa é uma notável mudança de posição. Nós encontramos o nosso herói, Elias, dormindo debaixo de uma árvore, desesperado, derrotado e querendo morrer. Ele não vê razão alguma para continuar a sua vida miserável. Espetem um ancinho nele — e estará acabado! O mais notável é que, nos dois capítulos que precedem 1 Reis 19, tudo que vemos é vitória para Elias. Ele é um poderoso homem de Deus. Nada é impossível ou grande demais para ele.

Sete sinais sobrenaturais

Os capítulos 17 e 18 de 1 Reis descrevem sete sinais sobrenaturais produzidos por Deus pela mão de Elias:

1. Ao comando de Elias, o orvalho e a chuva pararam de cair.
2. Durante a seca, quando os alimentos e a água se tornaram escassos, Deus proveu para Elias junto ao ribeiro de Querite. Corvos lhe traziam pão e carne toda manhã e tarde.
3. O ribeiro acabou secando e Deus enviou Elias ao encontro de uma viúva em Sarepta. Deus fez milagrosamente com que a pequena quantidade de farinha e óleo da viúva durasse ao longo de todos os dias da seca.
4. Quando o filho da viúva morreu, Deus o trouxe de volta à vida por intermédio da oração de Elias.
5. Elias clamou por fogo do céu e derrotou 850 falsos profetas.
6. A chuva voltou milagrosamente quando Elias orou.
7. Elias correu até muito longe (aproximadamente 27 quilômetros) muito, *muito* rápido.

Um elemento comum conecta esses sete atos surpreendentes de Deus: Elias não era um homem poderoso; era um homem comum capacitado pelo Deus todo-poderoso. Ao rever os capítulos 17 e 18 de 1 Reis, conto nada menos do que oito vezes em que o texto declara a presença da palavra do Senhor ou da mão do Senhor. A mensagem é clara: Elias recebeu poder de Deus ao submeter-se à atividade de Deus.

Os termos "palavra do Senhor" e "mão do Senhor" estão perceptivelmente ausentes ao chegarmos ao capítulo 19. Esse capítulo começa assim: "Acabe fez saber a Jezabel tudo quanto Elias havia feito e como matara todos os profetas à espada. Então, Jezabel mandou um mensageiro a Elias a dizer-lhe: Façam-me os deuses como lhes aprouver se amanhã a estas horas não fizer eu à tua vida como fizeste a cada um deles. Temendo, pois, Elias..." (vv.1-3).

Jezabel ameaça Elias e, na ausência da palavra do Senhor, Elias corre. Só que, dessa vez, Elias corre com as suas próprias forças, não no poder de Deus. O poder de Elias enfraquece e Elias também.

Vejo quatro elementos no ENFRAQUECIMENTO de Elias; eles são comuns a todos nós, incluindo o seu homem em desordem. Deus tem uma perspectiva em cada um deles.

Temor: "Temendo, pois, Elias, levantou-se, e, para salvar sua vida, se foi" (1 REIS 19:3).
- Perspectiva de Deus: "...o perfeito amor lança fora o medo..." (1 JOÃO 4:18).

Afastamento: "...chegou a Berseba, que pertence a Judá; e ali deixou o seu moço. Ele mesmo, porém, se foi ao deserto, caminho de um dia" (1 REIS 19:3,4).
- Perspectiva de Deus: "...Não é bom que o homem esteja só..." (GÊNESIS 2:18).

Desespero: "...se assentou debaixo de um zimbro; e pediu para si a morte..." (1 REIS 19:4).

- **Perspectiva de Deus:** "E o Deus da esperança vos encha de todo o gozo e paz no vosso crer, para que sejais ricos de esperança no poder do Espírito Santo" (ROMANOS 15:13).

Exaustão: "Deitou-se e dormiu debaixo do zimbro..." (1 REIS 19:5).
- **Perspectiva de Deus:** "Desperta, ó tu que dormes, levanta-te de entre os mortos, e Cristo te iluminará" (EFÉSIOS 5:14).

A Libertação

Esses quatro elementos do ENFRAQUECIMENTO são seus inimigos e inimigos do seu marido. Porém, eles podem ser rejeitados por meio dos cinco princípios vivenciados por Elias, e você pode ajudar. Sua voz, seu toque e seu amor, em parceria com Deus, podem ajudar a romper e reverter o ENFRAQUECIMENTO. Como? Veja a maneira como Deus libertou Elias quando este se sentou sob o zimbro.

1. *Tocado por Deus*

> *Deitou-se [Elias] e dormiu debaixo do zimbro; eis que um anjo o tocou e lhe disse: Levanta-te e come. Olhou ele e viu, junto à cabeceira, um pão cozido sobre pedras em brasa e uma botija de água. Comeu, bebeu e tornou a dormir.* (1 REIS 19:5,6)

Em meio ao desespero de Elias, um anjo o tocou. Deus o tocou! O seu homem em desordem precisa sentir o toque de Deus; ele precisa também sentir o seu toque. Uma das experiências mais íntimas de oração que eu já tive foi acordar do sono, em uma sala escura, em meio a uma profunda depressão, e sentir a mão de Tina na minha cabeça e ouvir suas palavras suaves de súplica pela minha libertação.

2. Ir para Deus

Levantou-se, pois, comeu e bebeu; e, com a força daquela comida, caminhou quarenta dias e quarenta noites até Horebe, o monte de Deus. (1 REIS 19:8)

Elias viajou até a montanha de Deus, onde iria se encontrar com Deus pessoalmente. A viagem até Deus não é longa. Ela pode ser uma reunião com o seu pastor, uma noite na *Celebrate Recovery* (Celebrando a recuperação)[1] ou apenas uma oração ou uma passagem das Escrituras que você ora pelo seu marido. Tina e eu fizemos muitas dessas viagens — viagens ao monte de Deus, onde nos retiramos no amor, na aceitação e na restauração de Deus.

3. Conversar com Deus

Depois do terremoto, um fogo, mas o SENHOR não estava no fogo; e, depois do fogo, um cicio tranquilo e suave. Ouvindo-o Elias, envolveu o rosto no seu manto e, saindo, pôs-se à entrada da caverna. Eis que lhe veio uma voz e lhe disse: Que fazes aqui, Elias? (1 REIS 19:12,13)

Elias ouviu Deus, não em um grande vento, nem em um violento terremoto, nem mesmo em um fogo poderoso. Ele ouviu a voz de Deus em uma brisa suave — uma voz mansa e baixa. A sua voz pode ser aquela voz suave ao falar de amor, aceitação e encorajamento em meio à nuvem de desespero do seu homem. Às vezes, a melhor coisa que você pode dizer é "Eu acredito em você!", "Nós vamos conseguir!" ou, melhor ainda, "Eu te amo!". Continue a afirmar o seu amor.

4. Voltar-se ao propósito de Deus

> *Disse-lhe o* Senhor: *Vai, volta ao teu caminho para o deserto de Damasco...* (1 REIS 19:15)

Elias tinha um propósito. Deus o lembrou daquele propósito. Ele deveria voltar e começar a atuar como profeta. Deveria ungir reis e profetas. Uma causa da depressão em um homem é a falta de propósito — não compreender que a vida é carregada de significado. Frequentemente, Tina me lembra de como Deus me usou no passado e está me usando no presente. Como homens, uma pequena crítica, como Elias experimentou, pode nos pôr em marcha. Às vezes, uma palavra de encorajamento é tudo de que precisamos para voltar ao foco.

Esses quatro primeiros princípios são algo em que você desempenha um papel, maneiras pelas quais você pode se aliar a Deus para levar esperança, cura e libertação ao seu homem em desordem. O quinto e último princípio é território privativo de Deus.

5. Tomado por Deus

> *Indo eles andando e falando, eis que um carro de fogo, com cavalos de fogo, os separou um do outro; e Elias subiu ao céu num redemoinho.* (2 REIS 2:11)

Amo o fim surpreendente de Elias! O mesmo homem que pediu a Deus para lhe tirar a vida... nunca morre! É isso mesmo — Elias nunca provou a morte.

Não sei como será o seu fim, mas Deus sabe. Ele já o planejou. Não sei se você terá a experiência de um carro de fogo ou de algo muito menos dramático. Muito além do fim de nossa vida, hoje pode ser o dia em que você e seu homem em desordem são tomados por Deus — tomados por Seu amor, por Seu poder, por Sua glória!

> ## Quatro maneiras de ministrar a alguém que luta com depressão
>
> ---※---
>
> 1. **Toque:** Encontre maneiras de expressar o seu amor por meio do toque. Imponha as mãos sobre o seu homem e ore; acaricie a cabeça dele; abrace-o suavemente; dê um passeio com ele de mãos dadas. Assegure-lhe que ele não está sozinho.
> 2. **Mova-se:** Encoraje-o a ir à igreja com você; vá ao *Celebrando a Recuperação*; procure um pastor; vá com ele ao aconselhamento; tire-o de casa; faça um passeio de carro e caminhe com ele ao longo desse processo de cura.
> 3. **Converse:** Mantenha as linhas de comunicação abertas; seja transparente; permita que ele expresse os seus sentimentos; demonstre empatia com o sofrimento dele e o afirme, não só no progresso, mas também no trabalho. Afirme-o como homem. Afirme o seu amor por ele. Pergunte o que você pode fazer para ajudá-lo.
> 4. **Volte-se:** Continue a direcionar os olhos de seu marido para o Senhor, que tem um plano perfeito para a vida dele. Seja exemplo de comportamento positivo; afaste os pensamentos negativos dele dizendo uma palavra de encorajamento. Volte os pensamentos dele para a Palavra de Deus e o pensamento positivo. Saliente as bênçãos que ele recebeu, as coisas que estão indo bem para ele e a sua família.

TINA ※ Como profeta do Senhor, Elias nunca se casou. Pelo menos, a Escritura não menciona evidências de ele ter uma esposa. Entretanto, durante a sua vida, duas mulheres o impactaram fortemente. Uma mulher deu vida, enquanto a outra tentou tirá-la. Uma emanava propósito e significado, enquanto a outra revolvia medo e desespero. Uma mulher foi graciosa e amável, enquanto a outra foi insensível e fria.

Elias encontrou a viúva de Sarepta após confrontar o rei Acabe. Vamos começar pelo início. Acabe reinava sobre Israel. Ele era poderoso, não só devido à sua posição, mas também por ter se casado com Jezabel. Esta era filha de um rei e se fazia acompanhar por 450 profetas de Baal e 400 profetas de Aserá. Por causa dela, Acabe fez mais mal aos olhos do Senhor do que todos os reis que o precederam.

Certo dia, Elias enfrentou esse rei e declarou uma seca (1 REIS 17:1). A partir desse momento, o céu se fechou e Elias correu como um fugitivo. Jezabel enviou soldados para encontrar Elias e, no processo, matou outros profetas do Senhor.

Agora, chegamos ao terceiro e quarto milagres de Elias da lista de Dave. O Senhor enviou Elias a Sarepta, na Fenícia — diretamente ao reduto de Jezabel, onde as pessoas dobravam-se aos pés de falsos ídolos. Em seu caminho para a cidade, cansado de percorrer a vasta e seca terra, Elias encontrou uma mulher apanhando lenha e lhe pediu um copo de água. Gentilmente, ela atendeu ao seu pedido.

Poderíamos confundir o encontro de Elias com a viúva como uma coincidência. Porém, escute o que o Senhor disse a Elias: "Dispõe-te, e vai a Sarepta, que pertence a Sidom, e demora-te ali, onde ordenei a uma mulher viúva que te dê comida" (1 REIS 17:9).

A viúva sabia que Elias estava vindo? Deus falou a ela e lhe disse o que fazer quando Elias chegasse? A palavra hebraica para *ordenar* significa "comandar, encarregar, dar ordens". Deus designou uma viúva para ajudar Elias e ela nem sabia disso. Se ela soubesse, a sua saudação a Elias teria, talvez, sido algo assim: "És tu aquele que o Senhor enviou? Eu o aguardava."

A mão de Deus se assentou sobre ela e lhe deu um coração disposto e complacente para ajudar Elias. Sem o envolvimento do Espírito Santo, aquele teria sido apenas mais um encontro.

Essa viúva preparou seu último alimento para Elias. Devido à sua obediência a Deus, a panela de farinha não se esvaziou e a botija de azeite nunca secou. Deus cuidou de ambos.

Algo mais a respeito dessa passagem tocou meu coração. Vejamos as palavras de Jesus em Lucas 4: "Na verdade vos digo que muitas viúvas havia em Israel no tempo de Elias, quando o céu se fechou por três anos e seis meses, reinando grande fome em toda a terra; e a nenhuma delas foi Elias enviado, senão a uma viúva de Sarepta de Sidom" (vv.25,26).

Essa passagem me comoveu às lágrimas. Em primeiro lugar, muitas mulheres perderam seus maridos devido à fome; agora elas eram viúvas. Em segundo, Deus poderia ter enviado Elias a qualquer uma daquelas viúvas. E, por último — veja só —, a viúva de Sarepta foi a escolhida.

As escolhidas

Meu filho perguntou: "Por que você está chorando, mãe?". Eu precisei de um momento para me recompor. Deus escolheu essa viúva específica para ministrar a Elias. Segundo Jesus, Deus poderia ter escolhido qualquer uma das viúvas que perderam seus maridos durante a fome de três anos e meio. Mas Deus a escolheu.

Quando me tornei esposa de um pastor, pensei: *Deus, tem certeza? Espero que você saiba o que está fazendo. Eu, que recebi uma negativa nota três em hospitalidade na minha pesquisa de dons espirituais, esposa de um pastor?* Em retiros e conferências para esposas de pastores, ouvi mulheres dizerem "Fui chamada para ser a esposa de pastor". Nunca me senti chamada. O que estava errado comigo?

Então, chegou o momento de elucidação em um retiro, quando uma senhora idosa disse: "Nunca fui chamada para ser a esposa de pastor, mas fui chamada para ser a esposa *dele*". Finalmente! Alguém o disse. Mas eu fui chamada para ser a esposa de meu marido? Eu não sabia. Entretanto, quer fosse por minha própria decisão pessoal, um chamado ou uma escolha de Deus, como ocorreu à viúva de Sarepta, eu estava compromissada e entrelaçada.

Ok, isso pode soar piegas, mas a definição de entrelaçar é "juntar(-se), prender(-se) [algo], enlaçando (a outra coisa ou entre si); entretecer(-se), enastrar(-se), entrançar(-se)."[2] Dave e eu estávamos agora interligados, entrelaçados e trançados. Então, talvez eu *tivesse sido* escolhida para ser parceira do homem em desordem de minha vida.

Queridas irmãs, a pergunta é: Cremos que Deus pode fazer hoje o que Ele fazia naquela época? Podemos acreditar que, talvez por algum milagre, fomos escolhidas para o homem em desordem de nossa vida? E ele, para nós? Que Deus tinha um propósito e um plano para nós dois desde o início?

Elias permaneceu com a viúva durante algum tempo. Em certo momento, o filho dela ficou doente e parou de respirar. Ela disse a Elias: "O que você tem contra mim, homem de Deus? Você veio para me lembrar do meu pecado e matar o meu filho?". Elias levou o menino para cima, para o quarto, estendeu-se sobre ele e orou: "Senhor, meu Deus, permita que a vida deste menino retorne a ele!". O Senhor ouviu o clamor de Elias, a vida do menino voltou a ele, e Elias o levou vivo de volta para o andar baixo e o entregou à sua mãe. "Olhe, o seu filho está vivo", disse ele. A mulher respondeu: "Agora eu sei que você é um homem de Deus e que a palavra do Senhor que está na sua boca é a verdade" (1 REIS 17:17-24, INTERPRETAÇÃO MINHA).

Aqui, vemos por que Deus escolheu essa viúva e enviou Elias a ela: não apenas para trazer o seu filho de volta à vida, mas, muito mais importante, para abrir os olhos de uma viúva que vivia em uma terra governada pela adoração de ídolos e para lhe trazer a vida eterna. Por meio de seu encontro com Elias, a viúva entendeu a palavra do Senhor como *verdade*.

Suponho que o vínculo entre Elias e a viúva tenha causado uma partida alegre e triste ao mesmo tempo.

O efeito Jezabel

Jezabel: filha de um rei, casada com um rei, líder forte, perita em manipulação, assassina em massa. Ela também foi uma mulher que mudou a vida de Elias.

Após deixar a viúva, Elias viajou de volta para Samaria e resolveu um enorme problema: qual Deus era maior, o dele ou o de Jezabel. Vale dedicar um tempo a ler a história em 1 Reis 18–19. Após o Deus de Elias ter provado ser o único e verdadeiro Deus, Elias matou todos os profetas de Baal, ao qual Jezabel adorava.

Grande jogada! Não há nada pior do que uma mulher desprezada. Exasperada, Jezabel enviou uma mensagem a Elias: "Façam-me os deuses como lhes aprouver se amanhã a estas horas não fizer eu à tua vida como fizeste a cada um deles [os profetas de Baal]" (1 REIS 19:2). Com base no histórico de Jezabel, Elias entendeu uma coisa — ela não estava brincando.

Jezabel não tolerava Elias. Senhoras, o homem deprimido de nossa vida nos vê dessa maneira — como alguém que incita medo em vez de infundir esperança? Alguém que é insensível e fria quanto ao estado de espírito dele? Embora possamos não estar tentando matá-lo, estamos lhe trazendo vida?

A viúva de Sarepta e a rainha Jezabel impactaram Elias de maneiras importantes — mas muito diferentes. Você se vê em alguma delas?

Não tema

Embora enfrentando depressão, o homem de sua vida não está só, nem sua depressão significa que ele nunca será nada na vida. Eis alguns nomes, que você talvez reconheça, de homens que lutaram com depressão.

- Buzz Aldrin (astronauta dos EUA)

- Wolfgang Amadeus Mozart (músico clássico)
- Terry Bradshaw, Earl Campbell (atletas)
- Marlon Brando, Harrison Ford (atores)
- Teddy Roosevelt, Abraham Lincoln (políticos dos EUA)
- Drew Carey, Dick Clark (personalidades da TV dos EUA)
- Mark Twain, Ernest Hemingway (escritores)
- Billy Joel, Bob Dylan (cantores)
- Greg Louganis (medalhista olímpico)
- Charles Schultz (autor de *Peanuts* [no Brasil, *Minduim*])
- Sir Isaac Newton (físico)

É importante que as mulheres olhem para o seu homem em desordem não como fraco e frágil, mas como Deus o vê: alguém com o poder de grandes realizações; alguém que, com apoio, encorajamento e amor, pode se levantar todas as manhãs e entrar na vida, mesmo que não esteja afim. E, lembre-se, embora às vezes a vida dele pareça estar desequilibrada, a sua não precisa estar.

Você está com medo? Você está preocupada? Suponha que Deus, em Sua grande sabedoria, escolha fazer algo inesperado em sua vida: transformar você; e, para fazer isso, usar a sua conexão com o homem em desordem.

Em seu livro *Talento não é tudo* (Ed. Thomas Nelson, 2007), John Maxwell cita um advogado: "A sua vida não melhora por acaso; ela melhora por transformação".[3] Nas crises de depressão do meu próprio marido, quem poderia saber que, pelo Seu poder operante na vida de Dave, Deus transformaria também a minha? Confesso que, frequentemente, eu me cansava dos seus dias deprimidos, ignorava seu comportamento, agia como se o humor dele não me afetasse, não lhe demonstrava simpatia ou empatia e fingia que nada estava acontecendo. É fácil ter esse comportamento quando não compreendemos o sofrimento. Por meio da depressão de Dave, eu aprendi mais sobre mim mesma. Em seus dias sombrios, eu aprendi paciência, perseverança e como não tratar aqueles momentos como questões pessoais. Aprendi a escutar enquanto ele andava para lá e para cá e a processar o que desencadeava os seus pensamentos depressivos. Aprendi a dar tapinhas nas suas costas, acariciar sua cabeça e afirmar — embora eu nunca realmente entendesse como ele se sentia.

Compreender: "aprender (algo) intelectualmente, utilizando a capacidade de compreensão, de entendimento; perceber, atinar".[4] A vida não seria agradável se compreendêssemos tudo pelo que passamos? O medo reside no desconhecido. O que fazemos com o desconhecido? Nós o menosprezamos, varremo-lo para debaixo do tapete ou enfiamos o rabo no meio das pernas e fugimos?

Precisamos ouvir as palavras que Elias ouviu durante o seu desespero: "Sai e põe-te neste monte perante o Senhor. Eis que passava o Senhor..." (1 REIS 19:11).

Uau, o Senhor está prestes a passar por aqui! Imagine uma criança pequena na ponta dos pés para ver a sua celebridade favorita. A sua cabecinha balança para cima e para baixo. Seus olhos brilham em expectativa. "Ele está vindo!" — grita.

Se você soubesse que o Senhor estava prestes a passar, para onde correria? A que alturas subiria? Até que distância iria? A quanto trabalho você se daria para chegar até Ele? Quando Elias subiu até a sua posição, ventos sopraram, rochas se racharam, a terra tremeu, chuvas se derramaram e montanhas se fenderam em duas. "Mas, Deus, você disse que estava prestes a passar. Não entendo.", diria eu com medo, sem compreender. Teria eu esperado, como Elias, ou descido a montanha em atropelo? Meu espírito diz "sim!", mas meu instinto me diz "não!".

"Depois do terremoto, um fogo, mas o Senhor não estava no fogo; e, depois do fogo, um cicio tranquilo e suave" (v.12). Quando ouviu o sussurro, Elias ficou na boca da caverna. Ele se envolveu no seu manto peludo — e esperou. Admiro isso em Elias. Antes, ele estava desesperado e deprimido; sentia-se derrotado. Mas, na montanha, esperando o Senhor passar, ele seria capaz de ficar face a face com o desastre.

Há algo mais em saber que o Senhor está chegando. Isso traz esperança, um reforço extra de energia de que necessitamos. É como aquela determinação que nos ajuda a caminhar aquele quarteirão a mais, quando nossas pernas parecem estar moles; aguentar mais uma hora de trabalho, quando nossas pálpebras caem até os joelhos; levantar-se ao raiar da aurora, em dias frios e chuvosos, quando preferiríamos puxar as cobertas sobre a cabeça. *Levante-se! Ele está vindo.*

Quando silenciamos tudo à nossa volta até só restar o som fraco de um sussurro, um milagre acontece. O mundo para e o caos é superado. Não ouvimos nada além da voz, do sussurro. Para as mulheres, isso pode se parecer com dois amantes fitando os olhos um do outro num momento romântico. Nada os separa.

O Senhor sussurrou. Elias ouviu. E Elias compartilhou o seu fardo com o Senhor, não percebendo que o seu temor vinha da falta de entendimento. Ele acreditava ser o único sobrevivente da campanha assassina de Jezabel contra os profetas do Senhor. Porém, com Sua voz mansa e suave, Deus revelou que Elias não estava sozinho. Deus havia reservado "...em Israel sete mil [profetas], todos os joelhos que não se dobraram a Baal, e toda boca que não o beijou" (v.18).

Pode ser que você não entenda a depressão ou o impacto devastador disso sobre os homens de sua vida. Você não está sozinha. Pode ser que se encontre numa montanha-russa de variações de humor e remédios. Você não está sozinha. Pode estar se agarrando a uma grande dose de medo e muito pouca compreensão. Você não está sozinha.

Embora Deus seja o único que entende *todas* as coisas, nós podemos nos agarrar a uma promessa: "Pois não desprezou, nem abominou a dor do aflito, nem ocultou dele o rosto, mas o ouviu, quando lhe gritou por socorro" (SALMO 22:24). Embora pareça que fomos esquecidos, Deus promete que não se trata disso e que nós não nos sentiremos sempre assim. Ele promete caminhar conosco, sussurrar para nós na tempestade, abraçar, amar, dar paz, fortalecer, encorajar e muito mais. Deus diz que nós não temos de compreender; precisamos apenas estar dispostos a sair e ficar na entrada da caverna. Ali, Ele sussurra esperança.

Embora Deus seja o único que pode curar e consertar o homem deprimido de sua vida, você pode usar os quatro princípios dos quais Dave falou — toque, mova-se, converse, volte-se — e começar a aplicá-los à sua jornada. Decida mudar a maneira como você vê a sua situação. Passe a ver o homem deprimido como Deus o vê: como um grande homem de Deus, com potencial ilimitado e possibilidades

---

Quatro maneiras de cuidar de você

1. **Despersonalize.** Não tome qualquer coisa como pessoal. O desespero do homem em desordem não precisa se tornar seu.
2. **Respire.** Quando você se sentir puxada para o desespero de seu homem, faça uma pausa. Encontre tempo para recarregar. Ore, faça uma caminhada, converse com uma amiga, mergulhe na piscina, cozinhe, tome um banho de espuma, assista a um filme, leia em um recanto especial – faça o que quer que relaxe você.
3. **Reabasteça-se.** Reabasteça-se permanecendo na Palavra de Deus. Nós ganhamos força, esperança e poder pela leitura das Escrituras. A Palavra de Deus é o nosso alimento mental e espiritual. Alimente-se bem para obter a força e o encorajamento de que você necessita.
4. **Ria.** Encontre maneiras de rir e se divertir. Embora ele esteja lutando, você ainda precisa encontrar maneiras de desfrutar a vida sem se sentir culpada. Você pode demonstrar empatia com a dor e a luta dele, mas permita a si mesma a liberdade de viver.

ilimitadas. "...edificai-vos reciprocamente, como também estais fazendo" (1 TESSALONICENSES 5:11).

Em meio ao seu sofrimento, que você possa encontrar Deus no centro de todas as coisas. E que Ele possa trazer cura ao homem de sua vida. Que Ele possa incentivar você diariamente a cumprir o seu propósito e plano para sua vida. Que Deus traga alegria em meio ao desespero, substitua a tristeza por alegria e abra as portas para a esperança inundar os seus lares.

Ao longo desse período, reconheça que você pode escolher como andará — como Jezabel, insensível e cruel, ou como a viúva de Sarepta, disposta a cuidar e servir. Acima de tudo, não tenha medo. Jesus diz: "Deixo-vos a paz, a minha paz vos dou; não vo-la dou como a dá o mundo. Não se turbe o vosso coração, nem se atemorize" (JOÃO 14:27).

Superando a confusão

1. Cada um de nós vê a depressão sob uma luz diferente. A menos que tenhamos experimentado o sofrimento, poderemos nunca compreender seu impacto. Como você definiria depressão?
2. Você ou alguém de sua família sofreu de depressão? Se você se sentir segura em compartilhar, faça-o.
3. Que aspecto de Elias despertou a sua atenção neste capítulo?
4. Ao longo de toda a história de Elias, há referências ao alimento. Leia 1 Reis 17:8 e 19:5-7. De que maneira o alimento pode fortalecer uma pessoa deprimida? O alimento pode simbolizar vários tipos de sustento. A Palavra de Deus e relacionamentos saudáveis são dois deles. Você consegue pensar em outros? De que maneira uma mulher pode ajudar a alimentar os homens de sua vida?
5. As mulheres precisam de um lugar seguro para compartilhar as suas lutas. Quando os homens de nossa de vida lutam, é

fácil manter tudo no escuro. Leia 1 João 1:5-7. O que acontece quando nos tornamos transparentes e nos afastamos da escuridão? De que maneiras podemos caminhar com mulheres cujos maridos lutam com depressão?

6. *Mudando para um lugar mais saudável:* Considere as "Quatro maneiras de cuidar de você". Qual delas é mais difícil para você? Por quê? Que passos você pode dar para avançar para um lugar mais saudável?

Que Deus lembre você de que
Ele a ama e se importa com você.

Que Ele traga paz e força à sua vida
e troque a tristeza por alegria.

7

SALOMÃO
Um adorador desobediente

*Obedecei aos vossos guias e sede submissos para com eles;
pois velam por vossa alma,
como quem deve prestar contas,
para que façam isto com alegria e não gemendo;
porque isto não aproveita a vós outros.*

HEBREUS 13:17

Ela se senta no quarto dele, estendida no sofá exuberante. Sua pele escura capta o reflexo da luz das velas tremeluzentes enquanto acena para ele: "Beija-me com os beijos da tua boca; porque melhor é o teu amor do que o vinho".

Ele se achega a ela. "Eis que és formosa, ó querida minha, eis que és formosa; os teus olhos são como os das pombas."

Um abraço suave e, em seguida, ela murmura: "Como és formoso, amado meu..." (CÂNTICO DOS CÂNTICOS 1:2,15,16).

TINA ✳ Essa mulher continua: "...desfaleço de amor. A sua mão esquerda esteja debaixo da minha cabeça, e a direita me abrace". Ela compara seu amante, que acreditamos ser Salomão, ao "...gamo ou ao filho da gazela..." Uau, eu preciso encontrar esse Salomão. Ok, quem está imaginando Chris Hemsworth no filme *Thor*?

Salomão amava as mulheres, e as mulheres amavam Salomão. Quem não o amaria? Ao longo das Escrituras, Salomão nos emociona com sua sabedoria. Em Eclesiastes, ele nos mergulha em uma profunda reflexão. Em Provérbios, ele compartilha visões práticas para viver bem a vida. E em Cântico dos Cânticos, bem, digamos apenas que, com base no que lemos, deixe um copo de água fresca por perto quando for ler esse livro. A linguagem apaixonada de Salomão deixou as suas mulheres sem necessidade de usar blush. Mas isso não é tudo. Além de sua sabedoria, conhecimento e paixão, Salomão amava a Deus, conduzia orações e consagrações, construiu um belo templo e outros edifícios e transformou vidas.

Todavia, como eu disse, não apenas as mulheres amavam Salomão, mas Salomão amava as mulheres. Muitas delas. E isso criou um problema.

> *Ora, além da filha de Faraó, amou Salomão muitas mulheres estrangeiras: moabitas, amonitas, edomitas, sidônias e heteias, mulheres das nações de que havia o* SENHOR *dito aos filhos de Israel: Não caseis com elas, nem casem elas convosco, pois vos perverteriam o coração, para seguirdes os seus deuses. A estas se apegou Salomão pelo amor. Tinha setecentas mulheres, princesas e trezentas concubinas; e suas mulheres lhe perverteram o coração.*
> (1 REIS 11:1-3)

A história de Salomão me surpreende. Balanço a cabeça e me exaspero com os atos dele. Basta olhar para as suas magníficas qualidades e mulheres do mundo todo estarão prontas para trocar de lugar com a mulher do sofá. Surpreendente — e, ainda assim, quero bater os pés e gritar: "Salomão, seu... *homem*!". Quem são essas mulheres estrangeiras influentes que têm a capacidade de influenciar um rei?

Você se lembra daqueles momentos da infância em que você ouviu "Papai disse para você não fazer isso"? Aqueles incidentes com o pote de biscoitos, erros grosseiros e momentos que você desejaria poder apagar da existência? Sim. Salomão deveria ter reconhecido esse momento "não, não" quando esse ocorria, mas não o fez.

> *Sendo já velho, suas mulheres lhe perverteram o coração para seguir outros deuses; e o seu coração não era de todo fiel para com o* SENHOR, *seu Deus, como fora o de Davi, seu pai. Salomão seguiu a Astarote, deusa dos sidônios, e a Milcom, abominação dos amonitas. Assim, fez Salomão o que era mau perante o* SENHOR *e não perseverou em seguir ao* SENHOR, *como Davi, seu pai. Nesse tempo, edificou Salomão um santuário a Quemos, abominação de Moabe, sobre o monte fronteiro a Jerusalém, e a Moloque, abominação dos filhos de Amom. Assim fez para com todas as suas mulheres estrangeiras, as quais queimavam incenso e sacrificavam a seus deuses.* (1 REIS 11:4-8)

Ele fez o quê? Aqui está — o momento de Salomão abdicar de sua legítima posição de líder espiritual de sua família, bem como de seu reino. Casou-se com essas mulheres como uma manobra política para alinhar Israel com os países vizinhos. Poderia ele ter se casado com mulheres estrangeiras e ainda assim mantido seu curso e continuado a honrar a Deus com seus atos e liderança? Na verdade, não. No momento em que se casou, ele desonrou a Deus, porque Deus havia proibido claramente esse tipo de casamento.

Salomão se casou com incrédulas que praticavam formas revoltantes de adoração de ídolos. As moabitas praticavam o sacrifício de crianças ao seu deus Quemos. As amonitas matavam seus filhos e depois os queimavam no altar de Moloque. E as sidônias devotas de Astarote praticavam prostituição no templo, dentre outras coisas.

Sim, nós coçamos a cabeça com as atitudes de Salomão. Por quê, após receber tais bênçãos do Senhor, ele se afastou de Deus em seus últimos anos?

Por que, após realizar tão grandes feitos, ele faria tal escolha?

Siga o... líder?

"Como o faço liderar?" Não sei lhe dizer quantas vezes me sentei em frente a uma mulher que expressava esse desejo. As mulheres querem gritar: "Vamos lá! Mexa-se! Espera-se que você seja o líder espiritual deste lar."

As mulheres têm uma lista de como se espera que seja a "liderança espiritual". O homem deverá:

- ler a Bíblia individualmente e com a família;
- iniciar um devocional familiar;
- liderar a oração durante refeições, momentos de oração familiar e outros cenários;
- crescer espiritualmente e participar de estudos ou retiros de homens;
- falar de Deus, compartilhar o que Deus está fazendo em sua vida e testemunhar abertamente;
- ministrar a outros homens.

Contudo, nossas expectativas podem ser enganosas. Marlena Graves escreveu em um artigo da revista *Christianity Today*:

> Algum tempo atrás, no refeitório da escola, topamos com uma moça que conhecíamos bem. Shawn e eu havíamos aconselhado ela e seu namorado no ano anterior. Perguntei-lhe sobre o seu

relacionamento. "Terminei com ele há mais ou menos um mês", disse ela timidamente. Shawn e eu tentamos disfarçar nosso choque.

Poucos minutos depois, perguntei-lhe por quê. "Ele simplesmente não é um líder espiritual", respondeu ela. Após nos despedirmos, Shawn virou-se para mim e disse: "Não posso deixar de imaginar quantos relacionamentos lindos em outros sentidos terminaram devido a equívocos sobre liderança espiritual".[1]

As mulheres são equivocadas quanto à maneira como um homem deve liderar a sua família? Feita essa pergunta, voltemos à questão de por que os homens renunciam aos seus direitos como líderes espirituais de seus lares. Talvez Dave pode lançar alguma luz sobre o assunto.

DAVE ✻ Mulheres, permitam-me tentar responder à pergunta "Por que os homens às vezes têm dificuldades para serem os líderes espirituais de seus lares?". Vou colocar isso de forma bem pessoal: Por que *eu* às vezes tenho lutas para ser o líder espiritual de minha família? Por favor, não ouçam o que estou prestes a dizer como desculpa, mas sim como uma tentativa de compartilhar com vocês a verdade sobre como muitos homens se sentem.

1. Nem sempre estou em uma boa fase espiritual. Mesmo quando sei o que fazer, nem sempre quero fazê-lo. Às vezes, estou de péssimo humor ou apenas preguiçoso. Outras vezes, poderei estar me sentindo espiritualmente fraco. O homem em desordem de sua vida pode não estar em uma boa fase espiritual.
2. Às vezes, liderar espiritualmente parece hipócrita. Minha família sabe tudo sobre mim. Eles sabem quando perdi a calma ou

quando agi de maneira egoísta. Não quero me sentir um hipócrita; o seu marido também não. Talvez ele tenha perdido a paciência no trabalho ou em casa, agido como um fariseu em vez de Cristo, ou simplesmente estragou tudo de outra maneira. Assumir, em seguida, o papel de líder espiritual pode ser difícil.

3. Nem sempre sei o que fazer. Saí de casa aos treze anos para estudar num internato e, durante grande parte de minha vida, não tive meu pai por perto para eu poder ver a sua atuação como líder espiritual. Não tenho qualquer memória de meu pai liderando devocionais ou orações familiares; só me lembro dele orando antes das refeições. Meu pai é um homem piedoso e um grande exemplo, mas não me lembro de muita liderança espiritual em casa. Ele era pastor, como eu, e aprendi com ele como pastorear as famílias dos outros — mas não a minha.

    Descubra como o pai do homem de sua vida vivia. Homens que cresceram com pais que liam a Bíblia e oravam a cada refeição têm maior chance de sucesso do que homens que cresceram em lares que careciam de um líder espiritual.

4. Às vezes eu me sinto espiritualmente inferior à Tina. Ela é uma daquelas pessoas que não erraram demais — pelo menos, aparentemente. Eu nunca a ouvi falar palavrão e ela nunca fumou, bebeu álcool ou enganou alguém. Ela é uma verdadeira santa. Frequentemente senti que Tina é quem deveria estar nos liderando espiritualmente — não por ela ser perfeita, mas porque às vezes eu sinto que ela é apenas melhor do que eu. Talvez o homem de sua vida sinta que você é mais espiritual do que ele, que você emana o brilho de um santo. Se for assim, existem maneiras pelas quais você poderá aparelhar o seu homem para o sucesso quando você reconhecer esses momentos.

Indo ao âmago da questão

TINA ✷ Antes de chegarmos às maneiras como as mulheres podem ajudar os seus homens em desordem, vamos voltar atrás e descascar algumas camadas. Vamos chegar ao âmago de por que, quando os homens de nossa vida não lideram espiritualmente, isso desencadeia uma resposta emocional. Fazer isso pode nos ajudar a atingir uma maior compreensão de nossa situação.

Pense sobre esta pergunta antes de prosseguir: O que impulsiona a minha necessidade de fazer o homem de minha vida assumir o papel de líder espiritual do meu lar? Eu preciso dele para liderar espiritualmente porque...

- isso é o que eu acredito que a Bíblia ensina?
- as mulheres devem se submeter aos seus maridos e é difícil submeter-se quando ele não está liderando?
- isso é o que me foi ensinado?
- nossa igreja nos ensina que é assim que as coisas devem ser feitas?
- meus filhos precisam de liderança espiritual?
- desejo vê-lo crescer no Senhor?
- preciso crescer e estou esperando que ele me lidere?

Minha oração é que todos os homens se levantarão e servirão às suas famílias como líderes espirituais. Todavia, ainda é preciso avaliar por que a falta de liderança espiritual de um homem se torna, com tanta frequência, uma chaga em nossos corações. Avaliando os nossos motivos, podemos entender melhor como equipar, incentivar e ajudar o nosso homem em desordem, bem como lidar com as mudanças que possamos ter necessidade de fazer para ajudá-lo a fazer isso.

Como você respondeu às perguntas acima? Os seus motivos vêm de tradições transmitidas de geração a geração, expectativas que você adquiriu de sua igreja, um sincero desejo de ver o homem de sua vida crescer, ou porque você precisa dele para preencher um vazio em sua vida? Se você respondeu qualquer outra coisa que não desejar vê-lo crescer em Cristo, talvez seja adequado pesquisar mais profundamente em seu próprio coração e em seus motivos. Parte de tornar-se o líder espiritual de um lar é crescer em Cristo.

Minha batalha… sua batalha?

Meus filhos nasceram na época em que meu marido começou a pastorear sua primeira igreja em tempo integral. Eu queria que ele fizesse mais como o líder espiritual do nosso lar — e ele era pastor!

Tentei fazer meu marido preencher um vazio em minha própria vida, suprir uma necessidade. Eu nunca diria a palavra *necessidade* perto de meu amigo conselheiro Tom; esse é um "não, não". Imagine a cabeça balançando e o dedo indicador abanando. Tom me ensinou que *necessidade* é uma palavra ruim; se recorremos a outras pessoas para preencher vazios e atender a certas necessidades em nossa vida, não estamos recorrendo àquele que deveria ser responsável por fazer isso. Deus é o único que pode satisfazer a todas as necessidades que temos.

Mas, é correto desejar um homem espiritualmente maduro? É claro que sim! Todas nós oramos por isso.

Eis o meu problema (e talvez também o seu): Eu queria que Dave orasse com os nossos filhos. Eu temia que, como eu, eles crescessem sem liderança espiritual vinda de seu pai. Por isso, excedi-me em meu desejo de ter um líder espiritual em nosso lar e tentei fazer isso acontecer. Meu desejo tinha muito a ver com o fato de eu não ter tido um pai como líder espiritual de nosso lar. Não queria isso para os meus filhos.

Por isso, criei uma grande expectativa quanto a Dave portar-se e agir de determinada maneira como o líder espiritual. Mulheres, eu também tive "uma conversinha" com meu marido. Vocês sabem, aquela em que você se senta e insta o seu homem a caprichar ou ir para a casinha do cachorro.

Porém, eu mantinha uma visão distorcida. Dave não impor explicitamente as mãos sobre os nossos filhos todos os dias e orar por eles na minha frente não significava que ele não estava orando por eles ou ensinando-os a orar. De fato, ele provavelmente orava pelos nossos filhos mais do que eu. Eu só não o via fazendo isso. Ele orava enquanto ele os balançava para dormirem, durante seus momentos de silêncio pela manhã, enquanto brincavam e quando eles estavam doentes. Isso pode ser válido também para o homem de sua vida e para os homens que não são pais. Talvez eles estejam orando, apenas não à sua vista.

Eu queria que Dave saturasse o nosso lar com uma abundância de espiritualidade. Mas como seria isso realmente? Ele sabia? Ele não tinha a menor ideia. Eu sentia que, devido a Dave não ser apenas um cristão, mas também um pastor, ele não tinha dificuldade como a maioria dos homens, não passava por momentos de necessidade de ser alimentado ou de não ter desejo de orar, não colocava a sua Bíblia de lado de vez em quando. Eu queria que ele vestisse uma enorme capa sobre os ombros e voasse ao redor como o Super-Homem, espalhando pó de "pirlimpimpim" espiritual por toda parte. Às vezes, eu me esquecia de que ele era apenas um simples homem vivendo no mundo como todos os outros, em carne e osso, e diariamente passando pelo processo de tentar morrer para si mesmo.

Eu queria que Dave fosse perfeito em todos os sentidos, demonstrando o fruto do Espírito e andando pela casa como Jesus. Uau — isso é difícil! Ele pode ter chegado perto de se parecer com Jesus algumas vezes, quando calçava sandálias de couro e deixava o cabelo crescer, e houve momentos em que o fruto do Espírito se derramou sobre o nosso lar e embebeu a nossa família. Porém, houve também momentos de fraqueza, tempos secos e sombrios. Em algum momento, concluí que Dave era um líder espiritual; sua liderança apenas não se parecia com o que eu sentia que ela deveria ser.

A questão é: Quem Deus queria que nosso homem em desordem fosse, quando o criou? Todas nós concordamos que queremos que os homens de nossa vida cresçam e se tornem fortes homens de Deus. Porém, esperamos que eles calcem sapatos gigantescos e se tornem perfeitos em liderar de maneira espiritual? Ouço algumas de vocês dizerem agora: "Sim, espero!". Deus nos criou com diferentes personalidades, pontos fortes e qualidades. Ninguém é melhor do que o outro, e é útil reconhecer essas qualidades no homem de nossa vida. Alguns homens lideram com um espírito tranquilo e por seus atos porque foi assim que Deus os criou. Há também homens que partem a toda velocidade com personalidades extrovertidas; são líderes natos que motivam as tropas e não se importam de ser o centro das atenções em suas famílias.

Logo aprendi que cada situação envolvendo nossos filhos oferecia uma oportunidade para meu marido e eu respondermos como líderes espirituais. Havia momentos em que eu me colocava como o líder espiritual e havia momentos em que Dave liderava de maneiras que eu nunca seria capaz de liderar.

Como líder de louvor, eu cantava para os meus filhos e lhes ensinava sobre adoração. Dave lhes ensinava sobre as Escrituras e a história bíblica. De uma maneira informal, nossas discussões bíblicas se tornavam momentos de ensino aos nossos filhos. As crianças ouvem tudo.

Eu orava em meio a fortalezas e enfermidades; Dave orava em meio a dificuldades e provações.

Eu levava as crianças ao cinema e relacionava os filmes a histórias da Bíblia, à batalha espiritual e a vencer as batalhas da vida. Eu procurava maneiras de compartilhar o evangelho com meus filhos e tentava usar momentos cotidianos para fazê-lo. Dave falava sobre política, Deus e o país. Ele compartilhava a história batista e contava histórias incríveis. Nós dois liderávamos, cada qual à sua própria maneira apaixonada. Embora nossos filhos já estejam crescidos, continuamos a liderar dessa maneira. Os garotos procuram a nós dois. Eles parecem saber a qual de nós recorrer para diversos problemas em suas vidas.

Espere pelo "quase"

Sou uma daqueles filhos que cresceram em um lar que não tinha um pai cristão. Porém, apesar de meu pai haver entregado a sua vida a Cristo somente mais tarde, isso nunca nos impediu de orar antes das refeições, conversar sobre sermões ou testemunhar sobre o que Deus fez na nossa vida. Minha mãe se tornou a líder espiritual de nosso lar. Em muitas ocasiões, meus irmãos e eu a ouvimos gritar: "Louvado seja Deus! Eu orei por isso. Deus respondeu a minha oração!". Nós discutíamos abertamente o que Deus fazia nas nossas vidas, na igreja ou durante as reuniões do grupo de jovens.

Meu pai perdeu os momentos em que nós, quando crianças, caminhamos pelo corredor e entregamos nossos corações a Cristo. Perdeu nossos batismos, jantares da igreja, cantorias evangélicas, banquetes e eventos de jovens. Perdeu as orações antes do jantar — mas, muitos anos depois, chegou um tempo em que ele deu as mãos a nós, filhos crescidos, e nossas famílias em um grande círculo, inclinou sua cabeça e orou conosco. Aquele momento "quase lá" fez nossos corações saltarem. As sementes estavam plantadas.

Minha cara amiga, por favor, não desista da esperança. Continue a fazer tudo que você puder para plantar sementes e lançar pétalas de rosa ao longo do caminho. Pode demorar um pouco, mas o fruto de seu trabalho amadurecerá em toda a sua casa e lançará fora a escuridão. Tudo que você fizer que for de Deus, sobre Deus e para Deus será usado por Deus. Permaneça no caminho certo. Não endureça o seu coração, mas, como diz Pedro, conquiste o homem em desordem de sua vida com as suas atitudes, não com as suas palavras.

Minha mãe projetava o amor de Deus, que, em retribuição, permitiu-lhe amar um homem como meu pai. Você tem a capacidade de transpirar tudo de bom e amável que o Pai lhe dá — e o homem em desordem de sua vida verá isso.

Lutando contra o tédio e a tristeza

É difícil de entender Salomão. Sua história me lembra de crianças inteligentes na escola, que ficam entediadas porque não encontram desafios. Isso se parece com um de meus filhos. Após saber de alguns problemas na escola, pedi à conselheira da escola que verificasse o que ocorria com ele. Isto foi o que ela observou:

O professor deu instruções às crianças para pegarem seus trabalhos de matemática e preencherem a folha em trinta minutos. Meu filho, em vez de pegar sua folha, abriu um saquinho de batatas fritas. (Ainda bem que eu não vi isso; eu teria engasgado com essa visão). A conselheira vi meu filho consumir lentamente cada batatinha, uma por uma, sem pressa. Após comer o saco inteiro, ele foi até o bebedouro. Cerca de cinco minutos antes da hora de entregar o trabalho, ele estendeu a mão, sem pânico, e pegou a sua folha de matemática. A conselheira disse que ele terminou com alguns traços, caminhou até a mesa e entregou a ficha ao professor. A conclusão dela foi: "Ele está entediado!".

Salomão tinha tudo no mundo: mais sabedoria do que qualquer outra pessoa viva, mais glória do que qualquer outro rei antes dele, e grande exaltação por Deus diante dos israelitas. Era um pensador profundo, um amante apaixonado e, sem dúvida, um homem bonito. Ele era o sonho de todas as garotas. Então, o que aconteceu?

A Bíblia diz que "Sendo [Salomão] já velho, suas mulheres lhe perverteram o coração para seguir outros deuses" (1 REIS 11:4). Depois de todos aqueles anos, Salomão ficou cansado, entediado e sem desafios? Eclesiastes nos dá uma pista do seu pensamento ao questionar o sentido da vida e a razão de viver. "Vaidade de vaidades, diz o Pregador; vaidade de vaidades, tudo é vaidade" (ECLESIASTES 1:2). Tudo tem a mesma aparência e causa a mesma sensação, dia após dia. Então, Salomão acrescenta: "Há alguma coisa de que se possa dizer: Vê, isto é novo?..." (v.10).

A sabedoria, o prazer e o trabalho árduo eram sem sentido; Salomão odiava sua vida e todas as coisas pelas quais ele trabalhara debaixo do sol, porque sabia que tinha de deixá-las para a pessoa que o sucedesse (ECLESIASTES 2:18). Parece que, após realizar tudo que sempre quis na vida, Salomão apenas se cansou de tudo aquilo.

Quando nossas vidas se tornam estagnadas, insípidas e sem desafios, frequentemente nos desviamos de nossas paixões, trabalho e desejo de crescer. O mesmo poderia ser dito a respeito da nossa caminhada espiritual. A Bíblia diz que o coração de Salomão não estava inteiramente devotado a Deus. Quando foi que Salomão permitiu que sua devoção escorregasse por entre seus dedos? Quando ficou velho, cansado, entediado ou desgastado? Às vezes, nos cansamos de ler a Bíblia ou de ir à igreja. Talvez Salomão tenha ficado cansado de sua rotina diária e ansiasse por algo mais. Em vez de aprofundar-se em Deus, ele ficou cansado, desarmou-se e se rendeu a abdicar de sua posição de líder espiritual.

A maioria dos líderes sabe que precisa ficar a par das coisas para liderar. Isso significa ler, coletar informações, participar de treinamentos, estudar e preparar-se. O mesmo pode ser dito acerca do homem em desordem que desejamos que lidere a nossa família. Considere isto: você vê o homem de sua vida lendo, absorvendo, estudando, ouvindo, preparando-se e contudo, segundo você, ele ainda não preenche as qualificações de um líder espiritual? Talvez seja a hora de mudar o seu pensamento.

Uma nova visão

Logo antes de sua morte, o rei Davi transmitiu um belo encargo ao seu filho Salomão. Aquele deve ter sido um momento e tanto para esse filho que se preparava para tomar o lugar de seu pai. Embora Davi houvesse falhado diversas vezes, até mesmo como pai, ele acertou nesse momento. Disse ele:

> *Eu vou pelo caminho de todos os mortais. Coragem, pois, e sê homem! Guarda os preceitos do* Senhor, *teu Deus, para andares nos seus caminhos, para guardares os seus estatutos, e os seus mandamentos, e os seus juízos, e os seus testemunhos, como está escrito na Lei de Moisés, para que prosperes em tudo quanto fizeres e por onde quer que fores; para que o* Senhor *confirme a palavra que falou de mim, dizendo: Se teus filhos guardarem o seu caminho, para andarem perante a minha face fielmente, de todo o seu coração e de toda a sua alma, nunca te faltará sucessor ao trono de Israel.* (1 REIS 2:2-4)

Que palavras sábias, provindo de um pai que já havia experimentado fracasso! Enquanto o homem de sua vida estiver tentando cumprir as leis de Deus, andar em obediência a Ele e observar os Seus ensinamentos, ele provavelmente estará fazendo um bom trabalho. Respire; está tudo certo! Aproxime-se de seu marido e diga-lhe que ele está se saindo muito bem.

Bem, como é um líder espiritual, *realmente*? Comecemos pelo óbvio: se o homem da casa não conhece o Senhor, ele não pode liderar espiritualmente. Dito isso, analisemos as duas palavras: *espiritual* e *líder*. O *Dicionário Houaiss*, da Língua Portuguesa, define *espiritual* como uma qualidade (adjetivo) "...concernente ao espírito; próprio do espírito ou a ele pertencente... relativo a religião, a misticismo, a crenças...".[2] O mesmo dicionário nos informa que a palavra *líder* refere-se a um substantivo que indica "indivíduo que tem autoridade para comandar ou coordenar outros; pessoa cujas ações e palavras exercem influência sobre o pensamento e comportamento de outras." Portanto, é alguém que lidera.

O ponto em que surgem debates sobre esse assunto é *como* alguém lidera. Atribui-se a John Quincy Adams a frase: "Se as suas atitudes inspiram outros a sonhar mais, aprender mais, fazer mais e tornar-se mais, você é um líder".[3] A Bíblia diz que um homem deve liderar das seguintes maneiras:

- Submetendo-se a Cristo como seu cabeça (1 CORÍNTIOS 11:3);
- Sendo um imitador de Cristo (EFÉSIOS 5:1);
- Andando em amor (1 PEDRO 1:22);
- Cumprindo os mandamentos de Deus (1 REIS 8:61);
- Buscando instrução de seu pastor ou sacerdote (MALAQUIAS 2:7);
- Vivendo com sua esposa de maneira compreensiva (1 PEDRO 3:7);
- Honrando sua esposa (1 PEDRO 3:7);
- Não provocando seus filhos à ira, mas criando-os na disciplina e na admoestação do Senhor (EFÉSIOS 6:4);
- Dando testemunho do amor e das obras de Deus a seus filhos e familiares (DEUTERONÔMIO 6:6-9).

A isso, adicionemos o conselho do rei Davi: "Coragem, pois, e sê homem! Guarda os preceitos do SENHOR, teu Deus, para andares nos seus caminhos, para guardares os seus estatutos, e os seus mandamentos, e os seus juízos" (1 REIS 2:2,3).

Você reconhece alguma dessas qualidades em seu homem em desordem? Talvez ele *esteja* liderando, apenas não da maneira que você espera. Se o homem de sua vida tem Cristo como o cabeça, tenta imitar a Cristo, caminha em amor, busca instrução, honra sua esposa, não provoca seus filhos e se esforça por viver com sua esposa de maneira compreensiva, ele não está liderando por suas atitudes e palavras? Se você consegue ver o fruto do Espírito desenvolvendo-se na vida dele, ele não está liderando pelo exemplo?

Nós criamos as nossas próprias percepções sobre como a atividade de liderança deve ser. Henry Cloud diz: "No fim, como líder, você sempre conseguirá uma combinação de duas coisas: o que você cria e o que você permite".[4]

Superando a confusão

1. Cada pessoa tem uma visão diferente sobre o que constitui um líder espiritual. Como *você* definiria um líder espiritual?

Cinco maneiras de incentivar e ajudar a edificar um líder espiritual forte

1. **Torne-se um exemplo positivo.** Leia, ore e fale abertamente sobre Deus. Ele verá e captará as sementes que você plantar.
2. **Tome nota de momentos que "deram certo".** Quando o vir orando, lendo a Bíblia, indo à igreja ou participando de um estudo bíblico para homens, afirme as atitudes dele.
3. **Prepare-o para o sucesso.** Você inicia os devocionais, reveza-se com ele na leitura de uma passagem da Bíblia e na oração. Se o homem de sua vida está participando do devocional, esse é um momento de louvor!
4. **Impulsione o ego dele.** Incentive-o a participar de eventos para homens ou a envolver-se em um projeto dos homens impulsionando o ego dele. Ele poderá acrescentar muito por meio da participação.
5. **Diminua as suas expectativas.** Quanto mais esperar dele, mais decepcionada ficará se ele não atender a essas expectativas. Permita que Deus opere na vida dele. Quanto a você, esteja presente para caminhar com ele.

2. O que você deseja nos homens como líderes espirituais?
3. Às vezes, as mulheres colocam mais foco na liderança do que no crescimento do homem? Considere Salomão e suas circunstâncias. De que maneiras um homem pode ser um grande líder e, mesmo assim, estagnar em seu crescimento espiritual? O que você considera mais importante em sua família — o seu marido fazer todas as coisas certas, ou empenhar-se em tornar-se o homem certo? Por quê?
4. Reveja algumas das características que Tina extraiu da Escritura que falam sobre como um homem deve liderar. Correlacione-as aos homens de sua vida. Eles exibem alguma dessas características? Explique.
5. *Mudando-se para um lugar mais saudável:* Considere as "Cinco maneiras de incentivar e ajudar a edificar um líder espiritual forte". Que outras ideias você poderia acrescentar? Enquanto Deus está operando no seu homem, o que você pode fazer para manter sua mente, espírito e coração em boas condições e lugar, em vez de ficar amargurada ou frustrada? Leia Romanos 8:1-8.

Que você seja uma incentivadora em vez de desencorajadora.
Que você possa edificar em vez de destruir;
incutir esperança, e não medo;
focar a sua visão na transformação que Deus
pode fazer em você e nos homens de sua vida.
Que o Senhor a use para plantar sementes de liderança
e afirmar os momentos em que os homens de sua vida
caminham em direção a Deus.

8

DAVI
Um pai falho

*Ensina a criança no caminho em que deve andar,
e, ainda quando for velho,
não se desviará dele.*

PROVÉRBIOS 22:6

Amnon se levantou da cama, tomou um longo fôlego e suspirou longamente. Ele era um homem obcecado, ardendo de paixão por sua meia-irmã Tamar.

—Por que o filho do rei parece tão abatido ultimamente? — perguntou-lhe Jonadabe, seu conselheiro, entrando no recinto.

—Estou apaixonado por Tamar, irmã de meu irmão Absalão.

—Ah, sim, Tamar. — disse Jonadabe.

—Faça o seguinte: Vá para a cama e finja estar doente. Quando seu pai vier vê-lo, diga-lhe que você gostaria que Tamar viesse preparar a sua refeição e alimentá-lo. Então, quando ela fizer isso...

Amnon seguiu o conselho de Jonadabe, Davi concordou com o pedido de seu filho, e Tamar chegou e cozinhou. Porém, em vez de comer, Amnon tirou todos de casa, exceto Tamar.

—Traga a comida ao meu quarto para que eu possa comer da sua mão, disse-lhe ele.

Sem suspeitar de nada, Tamar concordou; foi aí que Amnon a agarrou.

—Venha e deite-se comigo, minha irmã. — disse ele.

Horrorizada, Tamar argumentou com seu irmão.

—Não me force! Como eu me livraria da minha desgraça? E você — o seu caráter será arruinado.

Porém, não houve como arrazoar com Amnon, que estava enlouquecido de desejo. Sucedeu-se um dos momentos mais repulsivos da Bíblia; o estupro foi apenas uma parte da perversão de Amnon. Após violar Tamar, seu "amor" por ela se transformou em um ódio ainda mais intenso.

—Saia! — gritou para a moça.

Ela protestou.

—Não piore o mal. — implorou ela.

Porém, chamando seu servo, Amnon o fez lançá-la fora e fechar a porta atrás dela. Tamar, devastada, cobriu a cabeça de cinzas, rasgou a veste talar de filha virgem do rei e foi embora soluçando (VER 2 SAMUEL 13:1-19).

Nosso coração se condói. Queremos tomar Tamar em nossos braços e enxugar suas lágrimas. Queremos lavar as cinzas de sua cabeça e restaurar sua roupa à perfeição — a roupa que simbolizava a virgindade. O crime de Amnon faz nosso coração ferver. Queremos justiça para Tamar.

Poderíamos passar o capítulo todo esmiuçando a vida em desordem de Amnon. Porém, cavemos mais fundo, além do terrível pecado de Amnon, até chegar ao coração de outro homem em desordem: o pai de Amnon. Peneirando a vida do rei Davi, talvez possamos entender por que seu filho errou tão terrivelmente. A história continua...

Quando o amor não age

DAVE ✷ Ali está Davi sentado, no topo de seu palácio — um excelente local para o rei-músico tocar sua harpa, acalmar os nervos e desanuviar os pensamentos. Os dedos de Davi dançam pelas cordas e uma oração escapa de seus lábios como uma canção espontânea. Seus pensamentos se voltam ao seu filho mais velho, que se encontra doente acamado. Apenas há pouco, Davi havia visitado Amnon e dado o conforto que somente a presença de um pai pode proporcionar. Davi pensa no dia em que ele compartilhará seu reino com Amnon. Pais têm esses sonhos para seus filhos — transmitir um legado.

De repente, o momento pacífico é interrompido por uma mensagem urgente de seu servo. — Perdoe-me, majestade — diz o homem, nervosamente.

—Sua filha Tamar...

Uma vaga apreensão se apossa de Davi.

— Sim. O que houve com ela?

— Tamar foi estuprada. Por... por Amnon.

Como um pai reage a uma notícia como essa? Que emoções passam pelo coração de Davi? Choque? Confusão? Pânico? Num único segundo, todos os seus sonhos e esperanças são cruelmente esmagados pelo peso de uma crise na família. De que maneira ele lidará com essa horrível situação?

Ele não lidará. "Ouvindo o rei Davi todas estas coisas, muito se lhe acendeu a ira" (2 SAMUEL 13:21), mas ele não puniria seu filho Amnon, porque o amava por ser seu primogênito.

A reação de Davi ao estupro de sua filha por seu filho foi fazer... *nada*.

Vamos ler de novo. Ele não puniria seu filho Amnon, porque o amava por ser seu primogênito.

Por que motivo? Era amor? Realmente? Davi evitou o problema e minimizou a questão — isso era amar seu filho?

A verdade é que o amor não permite que os erros passem em branco. Pelo contrário, a Bíblia nos ensina a falar a verdade em amor (EFÉSIOS 4:15). Falar a verdade em amor é dizer a verdade, toda a verdade e nada além da verdade. Falar a verdade em amor revela a dura realidade de como as coisas realmente são. A parte "em amor" significa que falamos a verdade com uma compreensão do impacto que as nossas palavras terão sobre o outro. Falar a verdade em amor não é crítico, mas restaurador. Seu objetivo não é confrontar e condenar, mas revelar e restaurar. Se Davi deixou passar um momento como esse, quantos outros momentos de ensinamento envolvendo seus filhos ele permitiu passar? Como seria a vida se Davi tivesse exercido a paternidade e abordado questões críticas com seus filhos? Talvez Amnon tivesse olhado para sua irmã sob um ângulo diferente.

Um pai em desordem

Alguns aspectos da infância do rei Davi são difíceis de não notar. Talvez essas experiências tenham contribuído para os problemas de Davi com a criação dos filhos. Davi era, de fato, um homem em desordem.

Frequentemente, homens em desordem produzem filhos em desordem. Não estou culpando Davi pelo comportamento de Amnon. Todavia, o fato de não ter disciplinado o filho pode ter contribuído para a vida desordenada de Amnon.

O profeta Samuel chegou à pequena cidade de Belém com o propósito específico de ungir o próximo rei de Israel. Deus lhe dissera que um dos filhos de Jessé seria o rei. O capítulo 16 de 1 Samuel descreve o processo empreendido por Samuel:

"Sucedeu que, entrando eles, viu a Eliabe e disse consigo: Certamente, está perante o SENHOR o seu ungido. Porém o SENHOR disse a Samuel: Não atentes para a sua aparência, nem para a sua altura, porque o rejeitei; porque o SENHOR não vê como vê o homem. O homem vê o exterior, porém o SENHOR, o coração" (vv. 6,7).

Jessé se deu ao trabalho de apresentar cada um dos seus filhos a Samuel, mas o Senhor rejeitou a cada um deles. Finalmente, Samuel perguntou: "Acabaram-se os teus filhos?". Jessé respondeu: "Ainda falta o mais moço, que está apascentando as ovelhas".

Então, [Jessé] mandou chamá-lo e fê-lo entrar. Era ele ruivo, de belos olhos e boa aparência. Disse o SENHOR: Levanta-te e unge-o, pois este é ele. Tomou Samuel o chifre do azeite e o ungiu no meio de seus irmãos; e, daquele dia em diante, o Espírito do SENHOR se apossou de Davi... (vv.12,13).

Fico impressionado com o fato de Jessé ter deixado Davi de fora da reunião de seus filhos. Para piorar a situação, o texto diz que "... fez passar Jessé os seus sete filhos diante de Samuel..." (v.10). Davi, o oitavo filho, não foi incluído. É como se ele não existisse. Tais experiências de autoafirmação ficam marcadas na identidade de um jovem: "Eu não significo nada. Não sou importante. Não sou útil. Não conto."

Por que Jessé não incluiria o seu filho mais novo? Por que negar que Davi existia como filho? Uma resposta pouco convencional me ocorreu alguns anos atrás: E se Davi fosse ilegítimo? E se ele não fosse realmente filho de Jessé? Ou talvez Jessé se sentisse envergonhado por algum aspecto do nascimento de Davi. Talvez sua concepção fosse o resultado de um caso amoroso ou alguma outra experiência nada santa. O próprio Davi faz uma declaração surpreendente no Salmo 51: "Eu nasci na iniquidade, e em pecado me concebeu minha mãe" (v.5). Que pecado?

Permita-me acrescentar mais um elemento de evidência especulativa. Davi escolheu descrever Deus como "Pai dos órfãos..." (SALMO 68:5). Sejam quais forem as circunstâncias envolvendo o seu nascimento, Davi deve ter carregado algumas cicatrizes de sua infância no tocante ao seu próprio pai. Se Davi foi deixado de fora de um evento tão importante quanto o convite de Samuel a Jessé e seus filhos, de que outros eventos menos importantes ele poderia também ter sido excluído?

A Bíblia diz que, imediatamente após ser ungido por Samuel, Davi foi escolhido para tocar harpa para o rei Saul e tornar-se seu escudeiro. Ainda jovem, Davi saiu de casa para assumir seu primeiro emprego trabalhando para o rei. A Bíblia descreve Davi nesse momento de sua vida como um talentoso harpista, um guerreiro valoroso e uma pessoa de bom-senso. "Ele é um jovem de boa aparência", diz a Saul um de seus servos, "e o Senhor é com ele". Até esse momento de sua jovem vida, Davi havia sido pastor e, assim, passado longos períodos de sua vida no deserto cuidando das ovelhas, defendendo-as dos predadores e passando o tempo a tocar seus instrumentos. Ele tinha o currículo perfeito para o seu novo emprego.

De que maneira a mudança de Davi para o palácio afetou o relacionamento dele com seu pai? Seu pai sequer se importou? Ele sentiu falta de Davi? O rei Saul trouxe o jovem para a sua esfera de proteção? Quanto tempo eles passavam juntos? Saul assumiu um papel paterno na vida de Davi, pelo menos aos olhos de Davi? Se não foi assim, outra figura paterna falhou com Davi em sua curta vida.

Ao chegarmos a 1 Samuel 18, encontramos Davi em um novo papel como genro do rei, melhor amigo do filho do rei e alvo do ciúme de Saul. Daí até o fim de 1 Samuel, Davi está fugindo enquanto Saul tenta matá-lo. Quando finalmente toma o trono de Israel, Davi havia se tornado um guerreiro destemido, um líder lendário — e um mau pai.

A Escritura não menciona as habilidades de Davi como pai nesses primeiros dias de seu reinado. Talvez eu esteja lendo a mim mesmo na narrativa de Davi. Lembro-me da primeira igreja em que fui pastor em tempo integral. Eu era um líder jovem de trinta e poucos anos, ambicioso e arrogante. Dedicava-me totalmente ao meu novo papel, frequentava aulas no seminário próximo e, no lar, dava à minha jovem família as migalhas de tempo que sobrassem. Fui um mau pai no início do ministério. Imagino Davi semelhantemente absorto em seu novo papel de rei, enquanto, no lar, sua família é deixada para se ajustar por conta própria.

TINA ✳ Era a primeira vez em que eu falaria em público. Como uma jovem estudante universitária, empoleirada atrás do pódio de madeira de uma pequena igreja, fiquei aterrorizada e meus joelhos tremeram. O objetivo era compartilhar o meu testemunho. Porém, após algumas palavras, outra coisa se manifestou: a dor acumulada e lágrimas de tristeza há muito reprimidas. Embora eu tivesse tentado controlar as minhas emoções, a barragem se rompeu e anos de turbulência vieram à tona. Uma limpeza catártica e dolorida ocorreu naquele momento.

Então, uma pequena senhora corcunda caminhou em direção ao altar, levantou a mão e acenou para mim com um lenço de papel, como se estivesse acenando uma bandeira branca. Abaixei-me e peguei-o, agradecendo-lhe com meus olhos. Aquele momento se tornou um dia de rendição para mim. Ali no altar confessei a uma multidão, pela primeira vez, que eu tinha um pai em desordem necessitado de ajuda. E algo mais também se manifestou — a minha percepção de que eu também precisava de cura.

À simples menção da palavra *pai*, muitos corações estremecem e se fecham. Porque — falemos claramente — os pais erram. Frequentemente, pais em desordem ensinam a seus filhos o que os seus próprios pais em desordem lhes ensinaram. E, quando os filhos recebem de um pai em desordem a sua imagem de paternidade, o legado desordenado pode continuar de uma geração para outra.

Não sou capaz de conceber a profundidade da dor de Tamar após ser estuprada e, depois, ver seu pai não fazer nada. De que modo aquilo afetou a capacidade de Tamar de amar seu pai? A gravidade do impacto fez com que ela deixasse a casa de seu pai e fosse morar na casa de seu irmão Absalão.

Se eu desse a cada um de vocês uma folha de papel e lhe pedisse para fazer uma lista das características de seu pai em desordem, nossas listas poderiam se alinhar. Mas a maior probabilidade seria de elas serem diferentes. Por quê? Porque cada um de nós olha para seus pais através de lentes, necessidades, expectativas, experiências e feridas de infância diferentes dos demais. Como amamos pais que erram? Há esperança. Seguem três passos a dar para amar o seu pai.

Passo um: Amar primeiramente a Deus
Deus se tornou meu Pai. Não consegui amar meu pai do jeito que eu queria até permitir que Deus se tornasse meu Pai. Pode ser difícil ver Deus como Pai devido aos ferimentos provocados pelo nosso pai terreno, mas a verdade é que eu precisava de um pai e Deus era um bom lugar para começar. Deus representava um pai que nunca me machucaria — eu confiava nisso. Aprendi que, por meio de Cristo, eu seria capaz de amar meu pai, não por minha própria capacidade, mas com a ajuda de Deus.

Passo dois: Liberar a responsabilidade
Minha amiga e terapeuta Michelle explica assim:

> Como adultos, geralmente somos capazes de chegar a um entendimento de que não somos a única razão para as coisas serem como são. Entretanto, uma infância difícil tem a probabilidade de distorcer a nossa visão. Quando estivermos prontos para nos aliviar da responsabilidade por nosso pai em desordem, será necessária uma mudança fundamental na

nossa maneira de pensar. Teremos de deixar de assumir toda a responsabilidade e transferir isso para o nosso pai. Cada indivíduo é 100% responsável por seus próprios pensamentos, sentimentos e ações, independentemente das circunstâncias. Quando conseguimos entender isso e, então, acreditar, mudar para a empatia e o perdão se torna mais fácil e a possibilidade de consertar o relacionamento parece possível, se não desejável.[1]

Passo três: Investir
Reconheci que precisava compreender mais sobre a vida de meu pai. Quis saber sobre meu pai, meu avô e seus antepassados. Imagino que você poderia dizer que escolhi investir em meu pai. Eu tinha de fazer isso? É claro que não, mas escolher não fazer nada teria nos mantido distantes. Tornei-me uma detetive e fiz um monte de perguntas. À medida que meu conhecimento de meu pai aumentou, meus muros cuidadosamente construídos começaram a desintegrar-se aos meus pés.

Meu pai entendia como era viver com um alcoólatra porque seu próprio pai bebia. Ele entendia de abandono, pobreza e falta de carinho. O passado de meu pai me trouxe uma maior clareza sobre o motivo de meu pai errar tanto. Senti empatia com o homem que me deu motivo para estar com raiva. Também ele havia sofrido por viver com um pai em desordem. Como ele poderia ter conhecido algo melhor? Sentir empatia com a dor de infância de meu pai amoleceu as partes do meu coração que eu havia endurecido.

Anos se passaram. Teria sido fácil perder a esperança, mas comecei a ver transformações. Meu pai veio a conhecer a Cristo, parou de beber e recomeçou a vida. Observei enquanto ele segurava os minúsculos dedos de seus netos e os levava para fora para colher amoras silvestres. Observei-o carregar varas de pesca na caçamba de sua caminhonete, levar os netos para secretos locais de pesca e compartilhar lições sobre como colocar iscas em anzóis. Passeios em carrinho de golfe à tarde, idas à loja de conveniência nas proximidades para comprar raspadinha de laranja e mexer chocolate em leite frio eram apenas algumas das suas atividades de avô. Ele provocava, fazia cócegas e estimava muito as crianças. *Quem é esse homem?* — perguntava-me, olhando de longe. Uma voz calma e tranquila respondeu: "Ele é o seu pai".

Minhas preciosas amigas, que possa ser assim na vida do seu próprio pai. Vir a saber como ele foi tratado pelo pai e sentir empatia com a dor dele não é desculpa para o comportamento dele. Mas explorar a infância dele pode ser o início da restauração do seu relacionamento com ele. Toda viagem tem um primeiro passo. Apenas lembre-se: você nunca dá um passo sozinha — Deus a acompanha.

Casada com um homem em desordem

Até hoje, não conheci um homem que não estivesse em desordem de alguma maneira. Frequentemente, os homens que se esforçam muito para manter suas vidas com uma aparência limpa e arrumada se enganam em pensar que está tudo sob controle. Mulheres, estamos no mesmo barco. Todas nós temos em nossa vida algo que precisamos trabalhar. É inevitável que mulheres em desordem se casem com homens em desordem e homens desordem se casem com mulheres em desordem. A dificuldade surge quando os homens e as mulheres finalmente descobrem que o outro está em desordem. Talvez a felicidade do dia do nosso casamento nos feche os olhos para o lado humano do nosso cônjuge. Como uma jovem esposa sonhadora, fiquei em estado de choque na primeira vez em que meu marido caiu do pedestal em que eu o havia colocado.

Quando comecei a me concentrar nos erros de meu marido, a visão que eu tinha dele mudou. É claro; eu estava olhando para a confusão em vez de para a pessoa por trás da confusão. Certa vez, alguém me disse: "Ele é um grande cara com um problema. E daí?".

Sábias palavras! Permiti que o problema mascarasse o fato de que Dave realmente era uma pessoa maravilhosa e ele, provavelmente, dizia o mesmo a meu respeito. Suas boas qualidades e tudo aquilo pelo que eu me apaixonara ainda estavam presentes.

Como eu, você pode ser casada com um grande homem que tem problemas. Não é o fim do mundo. Deus é o grande administrador de confusões e pode resolver os nossos homens em desordem muito melhor do que você ou eu.

Após anos de ministração a mulheres, cheguei à firme convicção de que, frequentemente, estamos em tanta desordem quanto os homens de nossas vidas — e talvez ainda mais. Frequentemente, não queremos admitir isso e culpamos o nosso homem pela nossa desordem. Afinal de contas, é fácil tirar os nossos olhos da nossa própria vida confusa quando a confusão de outra pessoa está suspensa à nossa frente.

Frequentemente, mulheres feridas por pais confusos deslocam seu foco. O pai perfeito que elas imaginam para os seus filhos é o oposto da disfunção com que elas viveram enquanto cresciam. Porém, se você cresceu com um pai em desordem, a sua visão de como é um bom pai pode ser distorcida. Suas feridas de infância e a maneira como você foi criada pode afetar o seu casamento, o seu estilo de criação de filhos (e como você vê o estilo do seu cônjuge) e, mais importante, os seus valores.

Eu tinha uma imagem clara do que eu *não queria* em um pai, mas não do que eu *queria*. Minha falta de clareza criou em minha mente um torvelinho de emoções sobre como meu marido deveria atuar como pai. Você entendeu essa palavra, *atuar*? Finalmente aprendi quão insalubre essa palavra é, tanto na minha vida pessoal quanto no meu relacionamento com meu cônjuge. O propósito de meu marido na vida não é "atuar" para mim. Contudo, frequentemente impomos padrões de desempenho a nossos maridos devido às maneiras como nosso pai nos decepcionou.

Pais que arrebentam portas

Meu marido entrou em casa como o Super-Homem após um longo dia de trabalho. Ele escancarou a porta com estrondo, estufou o peito, flexionou os peitorais e gritou: "Papai chegou!". Lá estava eu, de cabelo pegajoso, roupas amarrotadas e cheirando a talco de bebê (dentre outras coisas).

Todos caíram de quatro, mesas e cadeiras foram impelidas para trás e a encrenca começou. Berros, choros, rosnados e gemidos encheram a casa como num filme do Godzilla. Os meninos corriam pelos cômodos e pulavam dos móveis. Pequenos corpos navegavam pelo ar carregado de testosterona. Nada parava o frenesi. Bem, quase nada...

Certa noite, em sua viagem de retorno à Terra após ser lançado no ar por Papai, um menininho lançou uma correnteza de saliva no centro do peito de Dave. Isto não teria aniquilado alguns pais, mas, quanto ao meu marido, bem — apenas digamos que o Super-Homem ficou cara a cara com sua kriptonita. Fazendo careta, o Homem de Aço correu para o banheiro. Olhinhos o observaram incrédulos. "O que há de errado com o papai?"

Sim — o que há de errado com o papai? Alguns pais teriam se limpado, ou não, e continuado a aventura. Toda mulher quer que seu homem seja um herói, mas às vezes não é preciso muito para desarmar um homem. Nós vemos isso, nossos filhos o veem e Deus o vê. As crianças olham para seus pais como campeões gigantes e, às vezes, as mulheres também esperam isso de seus maridos. Esquecemo-nos de que somos todos falhos?

Talvez o seu marido não seja o pai que arrebenta portas que você deseja para os seus filhos. Talvez ele evite ou minimize os problemas, não seja o líder espiritual que você deseja, tenha dificuldade de falar a seu filho, não tome providências e pareça desinteressado. Em outras palavras, ele é muito parecido com o rei Davi.

A recusa de Davi de confrontar Amnon é difícil de entender. Não consigo imaginar como Maaca, mãe de Tamar, sentiu-se a respeito. Abraçar sua filha perturbada deve ter sido arrasador por si só. Mas, em seguida, seu marido não fazer absolutamente nada para reprovar Amnon pela dor que ele havia causado à irmã — bem, aquele deve ter sido um sofrimento que foge à compreensão.

Minha amiga Michelle diz: "É aí que falar a verdade em amor se torna o dever das mulheres que amam seus homens em desordem, para que eles possam aprender a ser responsáveis, para que comportamentos saudáveis e positivos possam substituir os dolorosos, e para que os relacionamentos possam ser curados e restaurados".[2] No caso de Maaca, esse dizer a verdade pode ter sido muito mais difícil do que hoje. Nos tempos bíblicos, abordar o rei era difícil por natureza. Não obstante, obtemos uma imagem clara do pai em desordem que precisa de ajuda, cura e restauração.

Famoso como era por sua coragem nas batalhas, por que Davi não encontrou a coragem necessária para se aproximar de seu filho? A Escritura diz que, ao receber a notícia, Davi ficou furioso. Se ele ficou com tanta raiva, o que o impediu de censurar Amnon? Foi realmente amor o motivo de ele ter escolhido não abordar seu filho? Ou poderia ser que a vergonha de Davi, por sua própria leviandade com Bate-Seba, o tenha deixado em silêncio? Seja qual for a razão, mais do que provavelmente, Davi não tinha ideia de como arrebentar a porta e se mostrar pai. Então, não fez nada.

Se formos capazes de reconhecer momentos semelhantes no nosso próprio homem em desordem, talvez escolhamos palavras diferentes e uma maneira diferente de abordá-lo.

Transmitindo coragem

Considere a palavra *desencorajar*. O prefixo *des-* envolve a remoção ou oposição de algo — nesse caso, a coragem. Desencorajar significa remover ou enfraquecer a coragem de uma pessoa. Mas isso não é tudo: na gíria do idioma inglês, *dis* (o nosso *des*) adquiriu vida própria como verbo. Derivado da palavra *desrespeitar*, ele pode significar "depreciar", "criticar" ou "diminuir".

Quem saberia que três pequenas letras poderiam mudar a vida de uma pessoa? Que elas poderiam fazer uma pessoa se sentir fraca e apavorada?

Porém, o que acontece se eliminarmos as três primeiras letras de *desencorajar*? A palavra se torna *encorajar*. Para incutir coragem em outra pessoa, precisamos *en*corajá-la. Atribui-se ao escritor William Arthur Ward a seguinte sabedoria: "Lisonjeie-me e eu poderei não acreditar em você. Critique-me e eu poderei não gostar de você. Ignore-me e eu poderei não o perdoar. Encoraje-me e eu não me esquecerei de você. Ame-me e eu poderei ser forçado a amá-lo."

Encorajar. Essa poderosa palavra, derivada do francês, remonta ao século 15 e seu significado, "inspirar com coragem, espírito ou esperança"[3], ressoa conosco nos dias atuais. Ela significa fortalecer o coração. Quando nós incentivamos, fortalecemos o coração de outra pessoa.

Confesso que não uso minhas palavras para incentivar meu marido tanto quanto deveria. Mais vezes do que desejo admitir, permiti que momentos louváveis escapassem entre meus dedos. Porém, eu quero melhorar nisso. Você também quer? Então, como podemos incutir coragem nos homens que amamos? Uma maneira é prepará-los para o sucesso.

O livro *Brothers!* (Irmãos!) explica da seguinte maneira:

> A palavra *encorajar* vem da mesma palavra que um dos nomes do Espírito Santo. É uma palavra que significa "chamado para ajudar". Então, encorajar um ao outro é estar vitalmente envolvido naquilo que o Espírito está fazendo na vida dos

nossos irmãos em Cristo. Seja verbalmente ou por meio de nossos atos, podemos afirmar a visão que Deus tem de nossos irmãos. Ao fazê-lo, deixamos de somente aceitá-los e passamos a ajudá-los de alguma maneira tangível. Encorajamento é desempenhar um papel ativo na vida de um irmão.[4]

Quando encorajamos, damos coragem. Quando damos coragem, fortalecemos o coração. Como Deus nos diz para fortalecermos o coração?

Comissão. Em Deuteronômio 3:28, Deus diz a Moisés para comissionar Josué — "Dá ordens a Josué, e anima-o...". Deus quer que Moisés dê a Josué a coragem necessária para prosseguir com sua tarefa, estimule Josué a seguir em frente, ajude-o a tornar-se forte. Nós, mulheres, podemos fazer o mesmo no tocante a aprontar os nossos homens para o sucesso. Sejamos a sua maior líder de torcida.

Fale com brandura. Em 2 Samuel 19:7, quando Joabe diz a Davi para sair e encorajar seus homens, o termo em hebraico significa "falar com brandura" a eles. O fluir de palavras brandas pode transmitir coragem.

Como preparar os homens para o sucesso

Alardear quando eles acertarem.
Equipá-los com as ferramentas necessárias para o sucesso.
Expressar o que filhas necessitam de seus pais.
Permitir-lhes dias próprios para se reabastecerem.
Incentivar "dias dos homens" de aventuras com os filhos.

Fortaleça. Em 1 Tessalonicenses 5:14, vemos que devemos "...[consolar] os desanimados, [amparar] os fracos e [ser] longânimos com todos". A palavra grega traduzida como "consolar" significa falar a, acalmar. A nossa força na paciência pode se tornar a força dele na vida.

O desejo de Deus é que os homens tenham sucesso. Nós, mulheres, podemos ajudá-los a isso, encorajando-os.

A bênção

"Você não é o centro do mundo." Palavras como essas são difíceis de engolir, especialmente se nos sentimos ligados à situação. Mulheres, a verdade é: vocês não têm como consertar o seu homem em desordem! Além disso, o seu homem em desordem nem sequer tem como corrigir a si mesmo. Ele é o produto de anos de vida, anos de experiências, e anos de sucessos e de fracassos. Meu marido diz: "Os homens são uma compilação de todos os relacionamentos e experiências pelos quais eles já passaram. Algumas experiências melhoraram o seu homem, enquanto outras o arrasaram. O homem que está diante de você é o resultado de uma vida inteira de sobrevivência."

Com base nisso, eu não estou dizendo que você não deve fazer nada e apenas sentar-se e assistir ao desastre de trem. Há algo que você pode e deve fazer — algo muito mais difícil do que os extremos de consertar ou não fazer nada.

O maior exemplo de paternidade vem de Deus, o nosso Pai. A Sua Palavra ensina, corrige e orienta na maneira como devemos viver, e isso se aplica aos nossos homens em seus papéis de pais. Quando vestimos o Seu caráter como uma capa, recebemos incríveis força e caráter da parte de Deus Pai, o que nos molda em pessoas mais surpreendentes. E é aí que reside o segredo. Quando você colocar o manto do caráter do Pai em torno de seu homem em desordem, ele começará a ser moldado pela forma desse manto — a forma do caráter do Pai. Você não o conserta — Deus faz isso. O seu papel é vesti-lo com as roupas do Pai abençoando-o com as suas palavras, o seu semblante e o seu toque.

Alguns anos atrás, um amigo deu ao meu marido um livro que enfoca o tema do ritual de bênção do Antigo Testamento.[5] Meu marido era um pastor bem-sucedido vivendo sem a bênção de seu pai e não consciente de que precisava dela. No Antigo Testamento, frequentemente os pais impunham as mãos sobre seus filhos e proferiam uma bênção para a sua vida. Meu marido passou grande parte de sua vida buscando a bênção de seu pai. Sem ela, meu marido tinha dificuldade de abençoar os nossos próprios dois filhos. Abençoar o homem de sua vida ajuda a construir o manto do caráter do Pai que você deseja colocar em torno dele.

Uma bênção tem três dimensões que eu incentivo você a adotar se quiser vestir o seu homem com o caráter da paternidade.

1. Abençoe com suas palavras

Nossas palavras são forças poderosas. A epístola de Tiago equipara as nossas palavras ao leme de um navio, a um freio na boca de um cavalo e até mesmo a uma fagulha que põe em brasa uma grande selva (TIAGO 3:3-6). Nossas palavras têm poder suficiente para mudar o rumo do homem de nossa vida, e de outros com quem nos preocupamos, em uma variedade de direções. Por meio de palavras de bênção, podemos orientar nossos homens em desordem para avançarem para um glorioso presente e futuro. A carta de 1 Pedro 4:11 diz: "Se alguém fala, fale de acordo com os oráculos de Deus". Como Deus vê o homem de sua vida? O que Ele diria a ele? Quando o seu marido em desordem estiver agindo como pai, faça-o saber disso. Resista às críticas e sinta prazer na edificação do caráter.

2. Abençoe com suas expressões
Deixe suas expressões faciais abençoarem. Frequentemente, o que a nossa aparência comunica tem muito mais poder do que aquilo que falamos.

Jó reflete sobre os dias anteriores ao seu sofrimento; dias em que sua presença e seu caráter abençoavam outras pessoas. Ele diz: "Esperavam-me como à chuva, abriam a boca como à chuva de primavera. Sorria-me para eles quando não tinham confiança; e a luz do meu rosto não desprezavam" (JÓ 29:23,24).

É maravilhoso ter momentos como esse, em que nossos sorrisos e expressões faciais abençoam os outros.

3. Abençoe com suas mãos
Uma última maneira de abençoar é com as suas mãos. Tanto quanto as palavras, uma expressão de aprovação dada por meio de um simples tapinha nas costas ou um abraço contém uma imensa bênção. Tanto quanto uma expressão facial, um toque no momento certo pode comunicar emoções muito mais profundamente do que palavras. Um toque comunica força, segurança, aceitação, afirmação e amor duradouro. Jesus nos deu esse exemplo: "...tomando-as nos braços e impondo-lhes as mãos, as abençoava" (MARCOS 10:16).

Três maneiras de abençoar

1. Com suas palavras (1 PEDRO 4:11)
2. Com suas expressões (JÓ 29:23,24)
3. Com suas mãos (MARCOS 10:16)

Alguns anos atrás, meu sogro, na época com 80 anos, veio nos visitar. Durante o culto do domingo de manhã, meu marido perguntou a seu pai (um pastor aposentado) se estaria disposto a abençoar seus netos. Ele concordou. Meu marido convidou seu pai a sentar-se numa cadeira à frente do centro de adoração. Ele explicou à congregação que havia pedido ao pai que abençoasse os nossos filhos na tradição do Antigo Testamento, impondo as mãos sobre a cabeça deles e proferindo uma bênção para suas vidas.

Meus filhos vieram e se ajoelharam diante do avô. Meu sogro colocou suas mãos trêmulas e desgastadas pelo tempo sobre suas cabeças. Ele orou e falou bênçãos para suas jovens vidas. Foi uma experiência muito emocionante, da qual duvido que meus filhos se esquecerão. No fim, meu marido se aproximou de seu pai para ajudá-lo a levantar-se da cadeira. Porém, meu sogro disse: "David, eu ainda não terminei". Ele puxou meu marido para que se ajoelhasse, colocou a mão sobre a sua cabeça e começou a proferir bênção para sua vida — a bênção que meu marido tanto queria, mas nunca havia pensado em pedir.

Esse quadro é a imagem perfeita do que Deus quer fazer, não só aos maridos em desordem, mas aos homens do mundo todo. Nosso Pai celestial quer colocá-los de joelhos e declarar: "Eu ainda não terminei!". Ele quer proferir bênçãos ousadas para as suas vidas. Quer puxar o lixo para fora e polir a armadura. Ele quer afirmar destino, propósito e liberdade! E, quando tudo que precisa ser dito tiver sido dito, Deus deseja erguer cada homem recém-descoberto com Seu braço forte.

Como mulheres, que possamos continuar a orar e buscar um momento assim — para que, no fim, não apenas o nosso marido, mas nós também saiamos com uma maior compreensão da coragem, da força e da bênção.

Superando a confusão

1. Considere Davi e o incidente com Amnon. Por que você supõe que foi difícil para Davi abordar a questão com seu filho? Você é capaz de relacionar a sua resposta à sua própria dinâmica familiar? Quais, você pensa, terem sido as repercussões por Davi não confrontar Amnon?
2. Reflita sobre como você foi educada. Houve, em sua vida, um homem que ajudou a educá-la? Em caso afirmativo, compartilhe sobre as habilidades dele na educação de filhos.
3. De que maneira a forma como um homem foi educado afeta as suas habilidades de educar os seus filhos?
4. Qual das três maneiras de abençoar — com suas palavras, suas expressões ou suas mãos — você considera mais difíceis de praticar com o homem de sua vida? Por quê?
5. Tina escreveu sobre como o pai de Dave abençoou seus netos e o próprio Dave. Analise outro homem que abençoou seus filhos em Gênesis 27:27-29. Embora Jacó tenha enganado Isaque, a bênção de Isaque permaneceu sobre Jacó. Que parte dessa bênção chama a sua atenção? Pelo que Isaque suplicou que acontecesse àqueles que abençoassem o seu filho?
6. *Mudando-se para um lugar mais saudável:* Leia 1 João 3:1. De que maneira isso ajuda você a ver o homem de sua vida? O que você pensa que Deus fará por nós quando abençoarmos o homem de nossa vida?

Que Deus lhe dê a coragem necessária para encorajar,
e que Ele derrame Suas bênçãos sobre aqueles
que você abençoar com suas palavras, expressões e mãos.
E que Deus abençoe você
com amor abundante pelos homens de sua vida.

9

JUDAS
Um falso amigo

A responsabilidade gera capacidade de resposta.
STEPHEN R. COVEY, *Principle-Centered Leadership*
(Liderança baseada em princípios)

Uma estrondosa gargalhada irrompeu em torno da mesa rústica, convidando outras pessoas a participarem do círculo. Homens estendiam as mãos um ao outro, passando porções de pão fresco, frutas, carne e vinho. Era um grupo turbulento reunido para desfrutar de conversas, histórias e a presença de um homem singular que havia captado a atenção de muitos. Havia cobradores de impostos, pecadores, discípulos — e Jesus. Era um estudo de contrastes, de claro e escuro, entretecidos para criar uma obra-prima; um momento de comunhão entre homens investindo um no outro.

"Por que come o vosso Mestre com os publicanos e pecadores?" — perguntaram os fariseus aos discípulos de Jesus. O Mestre os ouviu e lhes respondeu: "Os sãos não precisam de médico, e sim os doentes".

Naquele momento, um vínculo entre irmãos foi forjado — irmãos nas dificuldades, naturezas pecaminosas e comportamentos carnais. Homens que, por vezes, confundiam-se e erravam. Irmãos de todas as classes sociais caminhando juntos e abraçando os ensinamentos de um homem que parecia ser exatamente como eles.

Quem era esse Jesus que acolhia tais homens à Sua presença? Esse Jesus que parecia não apenas compreender corações e almas, mas buscá-los desesperados, marcados e manchados como estavam?

Muitos homens questionavam-se. Entre eles, reclinado, comendo e rindo com os demais, estava Judas. Ele pergunta: "Quem é esse Jesus? Aquele em quem as pessoas depositam suas esperanças e futuro? Aquele em cujos pés as pessoas se prostram, seguram-no e o seguem?".

Caminhar com Jesus fez Judas se questionar: "Quem sou eu? O que estou fazendo com um homem como esse?".

Discípulo de Cristo

DAVE ✻ Nem sempre eu enxerguei o valor de ter bons amigos. De fato, não tenho certeza de ter sido um amigo muito bom durante a maior parte de minha vida. Sempre foi difícil para mim; acho que tenho algumas tendências a ser introvertido. Prefiro passar tempo sozinho do que em grupos. Sair com pessoas me parece muito trabalhoso. Contudo, durante esses momentos de encontro com amigos, frequentemente me sinto revigorado, restaurado e amado.

Em algum lugar ao longo do caminho, ensinei a mim mesmo que não se pode confiar nas pessoas. Se elas descobrirem quem eu realmente sou, o que penso, aquilo que valorizo e gosto, acabarão me rejeitando. Acreditar nisso tornou muito mais fácil proteger a mim mesmo. Sou grato a Deus porque, ao passar por alguns momentos muito difíceis, aprendi o que significa ter amigos de confiança que andam comigo. E também me tornei capaz de ser esse tipo de amigo.

Sempre me disseram que os homens precisam de outros homens com quem compartilhar suas vidas. Anteriormente, eu consentia mentalmente com a ideia, mas, na última década, vim a compreender essa verdade em meu coração. Preciso de homens em minha vida que me digam a verdade sobre mim mesmo e sobre os outros. Preciso daqueles que não tenham medo de compartilhar honestamente suas vidas, sucessos e lutas. Preciso de homens perto de mim com quem eu possa compartilhar responsabilidade.

Judas é conhecido ao longo da história como o homem que traiu Jesus. Você conhece a história. Ele vendeu Jesus aos inimigos por 30 moedas de prata. Judas liderou o grupo que prendeu Jesus, usando como sinal um beijo fraterno para identificar seu alvo. Mais tarde, ele lamentou sua decisão e tentou devolver o dinheiro. Sua trágica história termina em suicídio.

Descrever Judas exige que primeiro reconheçamos que ele foi escolhido por Jesus. Judas não se juntou à equipe acidentalmente. Jesus o escolheu a dedo, como fez com os outros onze, para vir e segui-lo como discípulo. Judas recebeu a atribuição específica de tesoureiro (JOÃO 12:6) muito provavelmente porque ele era o mais confiável dos discípulos. Ao escolher um tesoureiro, nós procuramos alguém em quem todos confiamos; eu imagino que os discípulos buscaram a mesma qualidade e teriam aprovado a escolha. Porém, Judas não era digno de confiança. Ocasionalmente, ele desviava um pouco para os seus próprios gastos.

Quem era esse Judas? Por que ele precisava de dinheiro? Ou seu verdadeiro caráter era simplesmente o de um ladrão?

Judas pode ter sido um zelote — um militante buscando derrubar o governo romano por qualquer meio necessário. Só Jesus escolheria zelotes e coletores de impostos para servir na mesma equipe. Os coletores de impostos estavam fazendo o trabalho sujo para os romanos — cobrando impostos elevados das pessoas e, em troca, desfrutando de uma boa vida. Mateus e Judas teriam sido inimigos naturais. Contudo, Jesus os aproximou para levar o evangelho ao mundo.

Lucas 9:1,2 registra o seguinte: "Tendo Jesus convocado os doze, deu-lhes poder e autoridade sobre todos os demônios, e para efetuarem curas". Você alguma vez considerou que Judas era capaz de curar enfermos e expulsar demônios? Somos tão propensos a demonizar Judas que nos esquecemos que ele estava com os outros discípulos, participando de tudo que eles faziam e experimentando tudo que eles vivenciavam. Ele estava no barco quando Jesus andou sobre a água e acalmou a tempestade. Judas distribuiu pão e peixe milagrosos aos 5.000. Judas viu e experimentou o poder e a autoridade de Jesus.

Então, por que logo Judas trairia Jesus? Os estudiosos tiveram dificuldade com essa pergunta e chegaram a várias respostas. Uma delas é que ele traiu Jesus por desilusão. Judas era um zelote que acreditava que, como Messias, Jesus acabaria derrubando a tirania romana e estabelecendo o reino de Deus na Terra. Porém, com o passar do tempo, Jesus começou a falar não do Seu reino terreno, mas do Seu reino celestial, e de não destruir os inimigos, mas perdoá-los, e de Sua iminente morte. Aquela não era a mensagem que Judas estava esperando. Ele deixou de acreditar na missão de Jesus e, consequentemente, em Jesus. Judas traiu o Mestre por frustração e raiva, porque Jesus não estava usando Sua popularidade para construir poder político.

Outra possibilidade é que Judas estivesse financeiramente desesperado. Seu hábito de roubar do caixa de cuja gestão ele era o encarregado é sugestivo. Talvez ele precisasse de dinheiro imediatamente e a traição tenha lhe oferecido uma maneira rápida de ganhá-lo.

Qualquer que tenha sido o motivo de Judas, parece-me estranho que ninguém, além de Jesus, soubesse que Judas estava conspirando para trair o Mestre. Afinal de contas, os discípulos haviam formado um vínculo profundo enquanto viajaram juntos durante os três curtos anos do ministério de Jesus. Eles devem ter partilhado algumas conversas surpreendentes. Discutiram os significados das parábolas, discutiram sobre quem era o maior entre eles, ponderaram a importância do milagre. Tenho certeza de que eles debateram religião, política e todas as outras coisas que nos inquietam atualmente. E atravessaram dificuldades, fadiga, discórdia emocional, pessoas resmunguentas e multidões violentas. Deixando casas e famílias que lhes davam um senso de comunidade e comunhão, eles lançaram sua sorte juntamente com Jesus.

Então, penso ser quase inacreditável que Judas consideraria trair Jesus sem falar sobre isso com pelo menos um dos outros discípulos. E quanto a Simão, o Zelote? Certamente ele teria entendido de onde Judas vinha. E, no entanto, parece que nenhum dos discípulos tinha qualquer pista de que Judas estava no caminho da traição.

Na noite em que foi traído, "...angustiou-se Jesus em espírito e afirmou: Em verdade, em verdade vos digo que um dentre vós me trairá. Então, os discípulos olharam uns para os outros, sem saber a quem ele se referia" (JOÃO 13:21,22). Ninguém tinha qualquer ideia de que Judas vendera Jesus. Judas estava sozinho e isolado.

O isolamento de um homem

Algumas vezes, senti-me solitário e isolado. E tomei algumas decisões catastróficas porque não estava compartilhando meus pensamentos e minha vida com amigos confiáveis. Eis aqui um rápido exemplo.

Alguns anos atrás, fiquei sem gasolina a caminho da igreja. Isso não é totalmente incomum, porque eu gosto de esticar um tanque de gasolina até o máximo possível. Quando percebi que o carro estava prestes a morrer, usei seus momentos finais de funcionamento para chegar à rua principal e encostar no canto de trás de um estacionamento. Fiz isso porque tive vergonha de que alguém soubesse que eu havia ficado sem gasolina. E logo no domingo! Imagine o pastor sentado à beira da estrada a caminho do culto de domingo. Sendo isso em uma cidade pequena, sem dúvida eu teria sido o assunto do dia.

Em minha mente, ficar sem gasolina demonstrou que eu era irresponsável, insensato e mau gestor de meu dinheiro e bens. Eu queria esconder meu carro, esconder minha situação e tentar, de algum modo, resolver o meu problema sem a ajuda de outras pessoas. Liguei para o meu filho e lhe pedi para me trazer um pouco de gasolina, que eu colocaria rapidamente no carro, esperando que ninguém me visse.

Se você estiver dizendo "Isso é loucura!", eu concordo. A verdade é que havia muitas pessoas em minha vida que teriam vindo a mim e me ajudado com prazer sem emitir qualquer julgamento. De fato, se eu houvesse permitido, provavelmente poderia ter sido resgatado por alguns membros da igreja a caminho do culto. Porém, eu não queria deixar ninguém saber que eu era um ser humano propenso a erros, o menor dos quais era ficar sem gasolina. Francamente — quantos de nós já ficaram sem gasolina!

Suspeito que Judas não queria que ninguém soubesse que seu tanque estava vazio. Ele era um discípulo de Jesus, o Messias, altamente considerado e suspeito que ele não suportava a ideia de que alguém pudesse descobrir que, na verdade, ele era um ladrão e um traidor. Embora tivesse uma ligação em comum, uma vida em comum e um chamado em comum com os outros discípulos, Judas reteve a sua luta e não a compartilhou com ninguém.

Não é verdade que, às vezes, nós abrimos o jornal e descobrimos que alguma celebridade, um político ou um líder de alto nível caiu porque o seu grande segredo foi exposto? Acontece. Amigos, colegas de trabalho, líderes da igreja podem nos decepcionar e nos trair. Ouvi homens se tornarem brutalmente honestos sobre seus erros, seus lapsos de julgamento e seu pecado após uma grande queda. Seria muito melhor e mais fácil se eles pudessem ser honestos *antes* de seu mundo desmoronar ao seu redor. A parte difícil é a queda; embora doloroso, compartilhar é mais fácil. Porém, a maioria dos homens escolhe o isolamento até a queda.

Judas, um homem que podia curar doentes e expulsar demônios, acabou não conseguindo expulsar os seus próprios demônios. Nenhum de nós consegue. Os homens precisam de outros homens que possam falar a verdade em amor. O dicionário *Houaiss* define *responsável* como "que ou aquele que responde pelos seus atos ou pelos de outrem...".[1] Responsabilidade significa que um homem pode ser obrigado a contar a sua história. Os homens, todos os homens, precisam de alguém em sua vida a quem eles possam contar a sua história. A prestação de contas não tem a ver com punição, nem com permitir que a própria privacidade seja abusada. A prestação de contas diz respeito a ter alguém em sua vida em quem você confia o suficiente para contar a sua história — toda a história: o bom, o mau e o feio. Significa que a história de um homem importa!

Enquanto escrevo, penso em três grandes amigos, homens com quem eu posso compartilhar a minha história. Esses homens sabem tudo sobre a minha vida — tudo! Eles sabem tudo sobre meus erros, minhas falhas, meus medos e meus sonhos. Eu posso compartilhar qualquer coisa com eles sem ter de me preocupar com divulgação, rejeição ou comentários depreciativos. Esses amigos me amam!

Há um modelo no Novo Testamento para esse tipo de responsabilidade. Vemos o apóstolo Paulo sendo observado e encorajado por um homem chamado Barnabé. Esse homem sabia que a história de Paulo precisava ser contada, precisava ser considerada. E Barnabé se certificou de que isso acontecesse.

Da mesma maneira, Paulo levou para junto de si um jovem chamado Timóteo e expressou palavras de vida sobre ele. Paulo se certificou de que a história de Timóteo fosse considerada. Os homens precisam de homens! Os homens precisam de homens que possam se certificar de que sua história de vida importa e não seja desperdiçada em remorso e vergonha.

TINA ✳︎ Como mulheres, nós entendemos a importância das amizades. Somos como *piñatas* brilhantes cheias de informações, histórias e dados. Nossos balbucios, tagarelices e risos explodem em tons coloridos de vermelho, rosa e lavanda. Sem a válvula de escape adequada, nós poderíamos estourar. Embora os homens possam não ter a mesma necessidade de expressão que as mulheres, percebemos que eles precisam, sim, de comunhão com outros homens.

Embora Judas caminhasse com os outros discípulos em uma comunidade muito unida, ele também andava sozinho. Fico triste por isso. Judas sentia que não era seguro confiar àqueles homens a sua luta interior? Ele se sentia constrangido de confessar seus pensamentos e tentações? Temia que os discípulos poderiam ficar com raiva, expulsá-lo do grupo ou renegá-lo? Confessar a um amigo ou fazer com que outro homem o mantivesse responsável o teria impedido de trair Jesus ou de roubar dinheiro da bolsa do ministério? E quem eram as mulheres de sua vida? Não há registro de Judas ser casado, mas sabemos que a mãe dele era viva. Não consigo imaginar como ela se sentiu ao perder seu filho.

Algo é diferente no mundo de hoje? Ouvimos a notícia de trágicos tiroteios em escolas. Adolescentes atiram em colegas com quem assistiam aulas, andavam, comiam, praticavam esportes, conversavam e participavam de eventos escolares. Um adolescente atira em outros adolescentes e depois em si mesmo, e sua mãe enfrenta uma dupla tristeza: a dos atos assassinos e do próprio suicídio de seu filho. E a tragédia não se limita a crianças impulsivas. Homens adultos entram em uma empresa, atiram em seus colegas de trabalho e, depois, usam a arma contra si mesmos. O choque e o sofrimento de sua família são insuportáveis. Esse pode ser o dispendioso efeito cascata do isolamento e da solidão, de não ser conhecido em lugares onde um homem tem a mais profunda necessidade de ser conhecido.

Como é que os homens são capazes de andar com as pessoas mais próximas a eles e, ainda assim, se sentirem solitários? Não que o problema seja limitado aos homens; as mulheres podem ser igualmente propensas a isso. Você já passou por isso? Já andou no meio de multidões e, mesmo assim, se sentiu isolada e solitária? Você se agarra a segredos guardados com zelo, emoções profundas e turbulência, jamais permitindo que as sombras aflorem?

Cresci com oito irmãos com diferentes personalidades, gostos, aversões e maneiras de lidar com as coisas. Alguns de meus irmãos não tinham problema em confessar detalhes de suas vidas; outros os guardavam para si mesmos. Temos os dois tipos de homens em nossa vida. Como podemos ajudar um homem a trazer seu doloroso mundo interior para a luz, onde ele poderá vivenciar aceitação e apoio em vez de isolamento e solidão? É aí que a responsabilidade entra em cena.

Introdução à Responsabilidade

Há diferentes abordagens à responsabilidade — algumas saudáveis e úteis, outras insalubres e contraproducentes.

Amo o que Beth Moore disse: "Os homens não são o nosso problema; o que estamos tentando obter deles é o que nos confunde. Nada é mais frustrante do que a nossa tentativa de derivar a nossa feminilidade de nossos homens. Nós os usamos como espelhos para ver se somos valiosas. Bonitas. Desejáveis. Dignas de atenção. Viáveis."[2]

Frequentemente, as inseguranças de uma mulher a levam a tentar manter os homens de sua vida prestando contas. Tenho de perguntar porque eu mesma sou culpada disso: Você exige que o homem de sua vida explique suas atitudes ou decisões, onde ele esteve, o que ele tem feito? As mulheres fazem isso por diversos motivos.

Lembro-me daqueles momentos em que eu saía de casa para um dia "meu". Quando eu voltava, Dave me cumprimentava com sorrisos e abraços. A primeira coisa que saía de sua boca era: "Você se divertiu?". Quão diferentemente disso eu, às vezes, o cumprimento: "Onde você esteve?". Ele sempre compartilha, mas como faço para superar a tentativa de mantê-lo prestando contas?

As mulheres sentem, frequentemente, que é seu papel manter os homens em desordem de sua vida prestando contas. Às vezes, isso vem com um cajado e um olhar severo. Algumas mulheres sentem que a prestação de contas lhes dá o direito de verificar a conta de *Facebook*, o telefone celular, os e-mails, os bolsos do casaco e as gavetas de roupas íntimas de um homem. (Não mencionaremos as mulheres que vasculham o lixo. Se você é uma dessas, continue lendo.) Qualquer coisa — à procura de algo que possa lhes dar o direito de se levantar e gritar: "Ahá! Eu sabia que você estava aprontando alguma!".

As mulheres podem acabar sendo consumidas pela tentativa de desvendar o que elas acreditam ser segredos, falhas e problemas bem guardados. Esse desperdício de energia impõe um custo ao nosso bem-estar físico e emocional. Ele força demasiadamente os dedos de tanto procurar na Internet e produz calos nos joelhos de tanto vasculhar o lixo, as roupas sujas e sob as camas. Ele sobrecarrega os nossos sentidos e pensamentos. Espionar e ouvir conversas ao telefone não ajuda. Um conselheiro diria que esse tipo de comportamento é fútil e leva os homens a encontrarem fugas criativas. Entretanto, se você estiver consultando um conselheiro para restabelecer a confiança em seu relacionamento, seja diligente em fazer o que ele sugerir.

Existem diversas formas de prestação de contas.

Pessoal. A prestação de contas a si mesmo é difícil porque exige uma grande dose de autodisciplina (algo com que eu tenho dificuldade). As mulheres entendem isso ao tentar estabelecer agendas, metas e limites saudáveis, perder peso, mudar hábitos e assim por diante. Esse tipo de prestação de contas pode envolver crescimento espiritual ao nos tornarmos responsáveis perante Deus. É claro que a nossa responsabilidade para com Deus deve vir em primeiríssimo lugar. Sem a ajuda de Deus em nossa prestação de contas, a responsabilidade pessoal pode ser difícil de atingir.

A amigas. Às vezes, amigas prestam contas mutuamente. Uma mensagem de texto no fim do dia diz: "Não comi carboidratos hoje", com um sinal de "positivo". Uma amiga se senta com outra amiga, cercadas por um monte de lenços de papel, e diz: "Você está pronta para ser ajudada?". Nós precisamos de amigas assim, que nos dizem que estamos errando, nos metendo em encrenca com aquele homem, perdendo o controle de nossa vida; amigas que nos afastam dos grupos errados de pessoas. Precisamos de amigas que falem a verdade e precisamos entender que, quando elas o fazem, isso é decorrente de um profundo e ardente amor por nós. Precisamos de amigas como Jesus, que andou com um grupo de homens disfuncionais, ensinou-lhes os Seus caminhos e os manteve responsáveis.

Há, porém, outro tipo de prestação de contas que as mulheres precisam compreender — esse é o tipo de responsabilidade de que os homens necessitam.

Prestação de contas para homens. Seguem-se três coisas específicas que as mulheres precisam saber sobre prestação de contas para homens.

1. *Não é sobre você.* Embora desejemos ser a melhor amiga de nosso marido, e algumas de nós já ocupem esse lugar, o problema dele com a prestação de contas não diz respeito em mantê-lo no caminho certo ou sendo sua melhor amiga. Homens precisam de homens. A mulher se tornar parceira de responsabilidade de um homem a coloca potencialmente em um papel pouco saudável sobre o homem.

2. *Uma boa parceira de responsabilidade começa com um bom entrosamento.* A Bíblia ensina: "Melhor é serem dois do que um, porque têm melhor paga do seu trabalho. Porque se caírem, um levanta o companheiro; ai, porém, do que estiver só; pois, caindo, não haverá quem o levante" (ECLESIASTES 4:9,10). Vimos isso com Judas. Sua escolha de não confiar naqueles que lhe eram mais próximos criou um enorme efeito dominó de magoar pessoas e, no fim, sua queda o levou ao suicídio. Ele dispunha de outros que o teriam abraçado e ajudado, mas escolheu não levar sua amizade para o lado da prestação de contas. Seja qual for o motivo, ele sentiu não ser seguro fazê-lo, ou talvez simplesmente quis seguir trilhando um caminho insalubre. Ore para que seu homem em desordem se torne transparente com os que estão mais próximos a ele.
3. *Confissão, oração e "andar com" são vitais.* "Confessai, pois, os vossos pecados uns aos outros e orai uns pelos outros, para serdes curados..." (TIAGO 5:16). Isso funciona assim: (1) O homem reconhece que precisa de ajuda em certa área de sua vida. (2) Ele cuida de obter essa ajuda. (3) Para manter-se no caminho certo, ele pode recorrer a um parceiro de responsabilidade — outro homem que possa caminhar com ele. Essa pessoa pode ser alguém que teve sucesso em lidar com o mesmo problema. Pense em um alcoólatra que tem um padrinho.

Há outras maneiras pelas quais um homem pode encontrar a prestação de contas. Os grupos de apoio, por exemplo, propiciam a oportunidade de reuniões semanais com outras pessoas do mesmo sexo. Eles são ambientes seguros, nos quais os homens podem obter discernimento e encorajamento, comemorar as vitórias uns dos outros, orar uns pelos outros, sustentar uns aos outros ao longo de desafios e tentações, e confessar abertamente "Eu estraguei tudo esta semana!", sabendo que outros homens que lutam com o mesmo problema compreenderão.

No fim, a responsabilidade interpessoal para homens, como também para mulheres, se resume a isso: "Andarão dois juntos, se não houver entre eles acordo?" (AMÓS 3:3).

Que papel nós desempenhamos?
Agora que entendemos um pouco mais sobre a prestação de contas para homens, algumas de vocês estão pensando: "Isso significa que nós, mulheres, não podemos fazer as perguntas difíceis?". Absolutamente não.

Vários anos depois de meu pai parar de beber, o comportamento dele levou minha mãe a pensar que ele estava bebendo novamente. Aquele momento foi como apertar um grande botão vermelho que fez sirenes tocarem na mente de minha mãe. Embora tenha abordado a questão com meu pai, ela não tinha certeza de que ele estava sendo sincero.

Mamãe confessou-me a sua ansiedade durante uma visita; então, observei o comportamento de meu pai. Certa tarde, eu o puxei para uma sala, segurei-lhe as mãos, olhei no fundo de seus olhos e perguntei: "Você começou a beber novamente?". Espanto e confusão se mostraram em seu rosto; ele confessou que não se sentia muito bem, mas não havia voltado ao álcool.

Uma consulta médica revelou que os efeitos colaterais de um medicamento novo estavam afetando o seu comportamento. O médico alterou a medicação e tudo ficou bem. Às vezes, precisamos fazer perguntas difíceis e não há problema nisso. Todavia, não tentei tornar meu pai responsável espionando-o, seguindo-o por toda parte ou algo assim. O tempo de Deus revela a verdade. Se meu pai estivesse bebendo, o problema teria vindo à tona. Deus traz as coisas da escuridão para a luz.

Deus deseja que nem os nossos maridos, nem nós mesmas, soframos, lutemos ou enfrentemos sozinhos os nossos problemas. Ele quer que aprendamos a nos apoiar um no outro, orar um pelo outro e restaurar um ao outro com brandura, para que possamos ser curados. Elogie os homens de sua vida que encontram parceiros de prestação de contas, eles são muito necessários. Não se preocupe quando eles passarem tempo juntos. Se esse tempo produzir cura, frutos e transformação, louve a Deus!

Jesus e o homem em desordem

O que acontece se o homem em desordem de sua vida já estragou tudo? Uma das coisas mais difíceis para as mulheres é observar os homens errarem, caírem, falharem e envergonharem a si mesmos, aos outros e a elas. Mulheres, vamos lá! Nós temos histórias que podemos compartilhar. Ouvi essas palavras e eu mesma as disse: "Quem está mantendo você responsável?". É fácil uma mulher jogar isso na cara de um homem, especialmente quando ela sente que ele está errando. Isso lhe soa familiar?

Infelizmente, eu nunca volto atrás para demonstrar empatia a maneira como Dave pode se sentir a respeito de seu erro ou de meu tom condescendente. Simplesmente abro a boca e despejo. Fico surpresa com o que sai dela e durante quanto tempo eu, às vezes, permito que esse despejar seja contínuo.

Quando olho para Judas e o que ele fez a Jesus no jardim do Getsêmani, encontro uma palavra surpreendente. Ela está escondida em meio à tensão, ao trauma e às emoções. Eu penso: *Se eu estivesse no lugar de Jesus, não seria capaz de proferir esta palavra*. Animosidade, mágoa e desgosto rugiriam em minha alma dolorida. Contudo, Jesus a disse, Ele chamou Judas de *amigo*.

Que tipo de amigo beija você na face enquanto soldados permanecem no fundo com espadas e bordões? Contudo, de todas as respostas possíveis, Jesus pergunta: "Amigo, para que vieste?" (MATEUS 26:50). Ele não olhou para Judas sob um prisma diferente, com menos amor, afeição ou valor do que Ele tinha antes. Ele amou Judas como Ele sempre o havia amado. Robert South, um pregador do século 17, colocou desta forma:

> Vimos aqui o comportamento da amizade entre homem e homem; mas como é isso, agora pensamos, entre Cristo e a alma que depende dele? De algum modo Ele é falho nessas funções de ternura e mitigação? Seguramente, não; porém, infinitamente superior. Porque onde o nosso coração não cede, o Seu se derrete; onde os nossos olhos se compadecem, as Suas entranhas se apiedam. Quantas petulâncias nossas Ele sufoca, de quantas indignidades Ele passa por uma, quantas afrontas Ele suporta em nossas mãos, porque o Seu amor é invencível e a sua amizade é imutável.[3]

Sim, a amizade de Jesus é imutável e vemos isso em Seu relacionamento com Judas. Não me atrevo a me desgastar por Deus amar esse homem de minha vida muito mais do que eu. A paixão de Deus é transformá-lo em um grande discípulo, mestre, ministro do evangelho e, acima de tudo, amigo.

O que as mulheres podem fazer?

Como mulheres, podemos caminhar com eles para ajudar a incutir comportamentos saudáveis, sugerir ações positivas e comemorar momentos importantes e louváveis. Em vez de nos lançarmos a envergonhar o homem, podemos nos encorajar mutuamente a fazer as coisas certas.

Então, qual deve ser o nosso papel enquanto Deus está trabalhando nos homens em desordem de nossa vida? Peça ao Senhor e às suas amigas para manterem você responsável nas quatro áreas a seguir. Fazer essas coisas poderá facilitar o sucesso para o homem em desordem e você.

1. Aceitá-lo como ele é

> *Portanto, acolhei-vos uns aos outros, como também Cristo nos acolheu para a glória de Deus.* (ROMANOS 15:7).

Ao decidir aceitar o homem em desordem de nossa vida como ele é, e entender que Deus ainda está o aperfeiçoando em uma boa obra, somos liberadas para amá-lo da maneira como Deus planejou. É certo que há dias em que não gostamos deles, muito menos os aceitamos. Talvez seja necessário correr pela casa com nossas pantufas cor-de-rosa, gritando: "Eu o aceito hoje, Senhor. Eu o aceito hoje", rangendo os dentes e agitando os braços. Isso não significa que aceitemos seus erros, comportamento ou pecados; nós sofremos o impacto dessas coisas em nossa vida. Porém, continuamos a aceitar o próprio homem como Deus o aceita; nós escolhemos vê-lo como Deus o vê — um amigo e filho.

2. Ser amável e compassiva

> *...sede uns para com os outros benignos, compassivos, perdoando-vos uns aos outros, como também Deus, em Cristo, vos perdoou.*
> (EFÉSIOS 4:32)

Um colega de trabalho disse: "Paciência, Tina". *Eu só estou tentando ajudar*, pensei. "Essa é uma virtude, você sabe", gabou-se ele. Eu queria responder assim: Uma ova! Braços cruzados, mandíbula apertada, trovejando por dentro. Em vez disso, escapuli silenciosamente e deixei-o trabalhar, nada mais pensando acerca do nosso encontro até este momento. A verdade é que ele estava certo. Frequentemente, paciência, bondade e aceitação são difíceis de encontrar; e admitir quando você é deficiente nessas áreas pode ser ainda mais difícil.

Aceitar homens em desordem libera as emoções necessárias nos ajudam a oferecer bondade, compaixão e perdão. Bondade e compaixão levam ao perdão. Pense nisso. Habitualmente, nossa falta de bondade, ou aceitação, está ligada a algum tipo de emoção negativa. Trabalhe a raiva escondida, a amargura e as atitudes que a impedem de abraçar o homem de sua vida. Talvez a falta de responsabilidade dele a feriu, e você seja incapaz de aceitá-lo até que tenha trabalhado a sua própria dor. Quando você tiver resolvido os seus próprios problemas, a aceitação e o oferecimento de bondade serão muito mais fáceis.

3. Amar incondicionalmente

O amor seja sem hipocrisia... (ROMANOS 12:9)

Amor verdadeiro. O que é isso? Ele não é falso, fingido ou restringido. O amor se entrega — mergulhando, talvez de cabeça em vez de com os pés. Como chegamos a isso? Por meio de Cristo. Esse amor é diferente da aceitação. Nós podemos aceitar alguém em nosso espaço e, mesmo assim, jamais lhe oferecer amor. Amamos assim porque Cristo nos amou primeiro e, por intermédio dele, somos capazes de amar sem fronteiras e sem limites. Permitamos que Deus nos convença e nos lembre de amar, e agite o nosso coração quando necessário.

Peça à sua parceira de responsabilidade que a lembre de quando ela viu você oferecendo amor ou mágoa. Amar quando não sentimos vontade é difícil; amar quando fomos magoados é ainda mais difícil. É por isso que precisamos que Deus nos responsabilize e transbordar

Seu amor nas fibras do nosso ser. Só então seremos capazes de amar sem hipocrisia.

4. Encorajar

Consolai-vos, pois, uns aos outros e edificai-vos reciprocamente, como também estais fazendo. (1 TESSALONICENSES 5:11)

Nós aceitamos, oferecemos bondade e até mesmo chegamos ao ponto em que conseguimos expressar amor. Porém, somos capazes de encorajar — impulsionar, alegrar, animar? Encoraje o homem de sua vida a procurar aconselhamento, compartilhar as lutas e encaminhar-se a fim de desenvolver responsabilidade. Edifique o homem em desordem. Observe os momentos louváveis e se esforce por tornar-se a líder de torcida mais barulhenta que ele pode ter.

Paulo declara: "Deus pode fazer-vos abundar em toda graça, a fim de que, tendo sempre, em tudo, ampla suficiência, superabundeis em toda boa obra" (2 CORÍNTIOS 9:8). Eu quero "abundar em toda boa obra" — você não gostaria também? Especialmente diante de Deus.

Você é capaz

❊

1. Aceite-o como ele é
2. Seja bondosa e compassiva
3. Ame incondicionalmente
4. Encoraje

"Deus pode fazer-vos abundar em toda graça, a fim de que, tendo sempre, em tudo, ampla suficiência, superabundeis em toda boa obra"
(2 CORÍNTIOS 9:8).

E veja só — Deus nos dá tudo o que precisamos para isso. Ele pode nos abençoar, e Sua capacidade se torna a nossa capacidade por intermédio de Cristo, assim somos capazes de aceitar, ser bondosas, amar e encorajar.

Superando a desordem

1. Como você definiria *responsabilidade*?
2. No que se refere a mulheres e homens em desordem, qual você sente ser o papel das mulheres, caso tenham, em ajudar a manter os homens responsáveis?
3. Por que você supõe que Judas guardou sua luta para si mesmo? Descreva o caráter dele. De que maneira suas atitudes dele foram compatíveis com o caráter dele? Desconsiderando-se os aspectos singulares da traição de Judas, suas ações gerais eram consistentes com a maneira como homens reagem no mundo atual?
4. Você sente que os homens têm dificuldade de encontrar outros homens de confiança para ajudá-los a se manterem responsáveis? Se sim, quais são algumas possíveis razões?
5. Como as mulheres podem ajudar os homens a ter sucesso no desenvolvimento de prestação de contas para outros homens? (Por exemplo, permitir tempo com os amigos, incentivar "encontros de homens", convidar à sua casa casais que possam iniciar uma amizade com o outro homem.)
6. *Mudando-se para um lugar mais saudável:* Tempo de prestação de contas. Releia as listagens e passagens bíblicas na seção "O que as mulheres podem fazer?". Em qual área você tem mais dificuldade? A qual passagem bíblica você pode se ater para ajudá-la nessa área? Que esperança as mulheres podem extrair dessas áreas?

*Que o Senhor mantenha você responsável
na maneira como você deve viver.*

※

*Que Deus lhe dê a força para liberar
os homens de sua vida para Ele.*

※

E que você possa encontrar paz no processo.

10

SANSÃO
Um líder lascivo

Então, a cobiça, depois de haver concebido,
dá à luz o pecado; e o pecado,
uma vez consumado, gera a morte.

TIAGO 1:15

DAVE ✻ Que característica singular vem à sua mente quando você pensa em Sansão? A maioria de nós, que estamos familiarizados com a história dele, definiria sua vida como detentor de uma grande força. Afinal, ele matou um leão apenas com as mãos e mil homens com uma queixada de burro. Ele arrancou a porta da cidade com os dois batentes e os carregou até o topo de um monte. Para sua façanha final, ele deslocou os pilares que sustentavam o telhado de um grande templo filisteu, matando todos os que estavam presentes, incluindo ele mesmo. Não há dúvida quanto a isso: Sansão era um homem de tremenda força física. Porém, ele era também um homem de grande fraqueza moral — e essa fraqueza foi a sua ruína.

Toda a vida de Sansão é narrada em apenas quatro capítulos do livro de Juízes (13–16). Um anjo visitou Manoá e sua esposa estéril, com a notícia de que Sansão (nome que significa "Homem do Sol") lhes iria nascer. O propósito de Deus para a vida de Sansão foi esclarecido aos pais:

"...o menino será nazireu consagrado a Deus desde o ventre de sua mãe; e ele começará a livrar a Israel do poder dos filisteus" (JUÍZES 13:5). Os filisteus vinham oprimindo Israel havia 40 anos; Sansão nasceu para começar a libertação do povo. O texto deixa claro que, como nazireu desde o nascimento, ele devia ser separado para Deus e seguir uma lista de restrições que incluía não tocar em cadáveres; não beber vinho, nem suco de uva, nem sequer comer uvas; e jamais cortar o cabelo.

Porém, a história mal havia começado quando os olhos do libertador de Israel se voltaram para uma bela jovem filisteia. "Desceu Sansão a Timna; vendo em Timna uma das filhas dos filisteus, subiu, e declarou-o a seu pai e a sua mãe, e disse: Vi uma mulher em Timna, das filhas dos filisteus; tomai-ma, pois, por esposa" (JUÍZES 14:1,2).

Mamãe e papai protestam, mas Sansão faz como quer. No versículo seguinte, algo me chama a atenção. Sansão diz ao pai: "Toma-me esta, porque só desta me agrado". O tema se repete no versículo 7: "[Sansão] desceu, e falou àquela mulher, e dela se agradou". Muitos dos problemas dos homens começam com essa frase: "Desta me agrado". Ela motiva Sansão mais fortemente do que a sua missão de "libertar Israel das mãos dos filisteus".

Se o seu marido luta com problemas de integridade sexual, é aqui que o problema dele também começará: "ela me agrada". E deixe-me ser claro: frequentemente, "desta me agrado" pode invalidar todo senso de julgamento e pensamento racional. Em seu livro *Every Heart Restored* (Todo coração restaurado), Fred Stoeker coloca dessa maneira:

> Os homens têm certas qualidades embutidas que tornam muito difícil nos mantermos sexualmente puros. Nós não precisamos de um encontro ou de uma amante — os nossos olhos masculinos nos dão a capacidade de pecar a qualquer momento

que quisermos. Tudo de que precisamos é um olhar longo e persistente a um corpo feminino parcialmente coberto ou descoberto para receber uma carga de prazer sexual. Também não somos exigentes. A carga pode vir com a mesma facilidade ao olharmos para o suéter apertado da garota no ônibus... bem como de um interlúdio romântico com nossa esposa. Em suma, nós temos um interruptor de ignição visual quanto à anatomia feminina e é preciso muito pouco para ligá-lo.[1]

A ignição de Sansão funcionava em alta velocidade. Mais adiante, a Escritura diz que Sansão se apaixonou, mas não por essa mulher filisteia de Timna. Dessa vez, tudo teve a ver com a aparência.

Jesus compreendia quão difícil seria, para um homem, manter sob controle as suas inclinações naturais masculinas. Sentado na montanha entre seu grupo de homens rústicos, Ele lhes disse: "Ouvistes que foi dito: Não adulterarás. Eu, porém, vos digo: qualquer que olhar para uma mulher com intenção impura, no coração, já adulterou com ela" (MATEUS 5:27,28). Homens que lutam com integridade sexual podem ser bem-sucedidos nessa área, se assim desejarem.

O problema está nos olhos

TINA ※ Durante a faculdade, eu limpava casas para ajudar a pagar meus estudos. Só depois de alguns meses de limpeza foi que percebi que um dos casais para quem eu trabalhava havia se separado. Agora, eu fazia a limpeza para o homem da casa. Certo dia, entrei na sala, liguei a TV e engasguei de horror. Eu havia tropeçado em seu canal Playboy, que ele, sem dúvida, passou a noite anterior assistindo. Jamais vi algo parecido. Fui correndo para desligá-lo e tropecei em tudo que havia em meu caminho. Algumas semanas depois, parei de limpar sua casa.

Senhoras, somos ingênuas sobre quantos homens lutam com problemas de integridade sexual? Ande pelos corredores de nossas igrejas e passaremos por homens com segredos hermeticamente fechados. Você coça a cabeça e se pergunta por que eles não usam a frase de Nancy Reagan, "Simplesmente diga não"? Ou a abordagem de Jó: "Fiz aliança com meus olhos; como, pois, os fixaria eu numa donzela?" (31:1)? Como desviar o olhar pode ser tão difícil?

Stoeker diz: "Os homens recebem um alto nível natural de substâncias químicas ao olhar fotos de mulheres nuas. Quando nossos olhos se fixam em imagens de mulheres nuas, substâncias químicas de prazer banham os centros límbicos de prazer do cérebro e, por ser isso agradável, queremos voltar para dar outra olhada. Por isso, frequentemente as raízes dos nosso comportamento vicioso não está em alguma falta de amor por nossa esposa. Em vez disso, eles estão ligados aos picos de prazer desencadeados pelas imagens que adentram pelos olhos."[2]

Ok, caiamos na real. Nós conhecemos a sensação de passar pelo corredor de balinhas ou pela confeitaria. Eu me pego olhando com o canto do olho para aquele bolo de chocolate e, em seguida, indo embora, dizendo: "Não, não, não, Tina, isso não é bom para você". Às vezes, fico tão orgulhosa de mim mesma por ir embora, mas confesso que há momentos de fraqueza quando olho para o carrinho apenas para encontrar minha paixão lasciva olhando de volta para mim. De fato, nesse momento, minha boca saliva só de pensar em bolinhos de chuva recheados com maçã. Não seria tão ruim, exceto que eu prometi ao médico que largaria os doces.

É assim que acontece com os homens. Ouça-me bem: eu não estou comparando as mulheres a uma tortinha de morango ou a uma barrinha dietética; e não estou minimizando o problema de um homem com a integridade sexual. Estou dizendo que é a paixão, a cobiça de algo, que nos pega. Se o médico diz: "Nada de doces, nem álcool, nem fumo" e os seus desejos lascivos predominam, isso é pecado? Quando o Dr. Deus diz: "Não faça isso" e, de qualquer maneira, nós o fazemos, isso é pecado? O apóstolo João escreve: "...tudo que há no mundo, a concupiscência da carne, a concupiscência dos olhos e a soberba da vida, não procede do Pai, mas procede do mundo" (1 JOÃO 2:16). Quando vivemos na carne, as nossas paixões mundanas predominam sobre os nossos desejos espirituais.

Se eu fizesse uma enquete com 100 mulheres e perguntasse: "O que você cobiça?", o que eu ouviria? Rolar no feno com Brad Pitt ou o bonitão da rua. Doces, cigarros, álcool, chocolate e — veja só — Starbucks! Ah, sim! Eu almejo um copo grande de café moka com caramelo salgado (ótimo com bolinho de maçã). Qualquer um que já tomou um moka com caramelo salgado entende que o sal é o que torna a bebida tão atraente. Esse é um item sazonal, assim, quando termina, eu detesto ter que esperar pelo próximo ano para poder usufruí-lo novamente.

Qual é o *seu* prazer? Visto que, certamente, você tem pelo menos um. Frequentemente, nós consideramos a concupiscência de um homem por mulheres de maneira diferente da cobiça das mulheres por coisas de sua vida. Porém, todos nós somos cobiçosos, tanto os homens quanto as mulheres. Eva cobiçou uma porção do fruto que ela sentiu que a tornaria sábia; os israelitas cobiçaram os falsos ídolos de seus pais; e, em Romanos, Paulo escreve sobre homens e mulheres que cometem atos lascivos vergonhosos uns com os outros. Desde um bocado de fruta até atos sexuais, todos nós cobiçamos algo.

Embora as mulheres possam jamais entender a reação de um homem ao corpo feminino, podemos facilmente compreender o desejo de ter algo que não deveríamos e como basta um olhar para cairmos nessa tentação.

As mulheres da vida de Sansão

Poucas mulheres se destacaram na vida de Sansão. Ele não teve várias esposas ou concubinas. Ele não teve irmãs ou tias citadas na Escritura. O que encontramos é um punhado de mulheres que influenciaram a vida de Sansão e cujas vidas ele influenciou. Vamos analisá-las.

A mãe — Leal, educadora, devota
Deus deu Sansão aos seus pais como um presente, um milagre. Como sua mãe, anteriormente estéril, sentia-se sobre esse filho, especialmente sabendo de que maneira o recebeu? Se nos foi dado esse presente, gostaríamos de honrar o Doador. A mãe de Sansão procedeu como o Senhor instruiu.

As mães entendem como é difícil manter as crianças dentro de certos limites. Embora nos derretamos por mechas de cabelo em molduras de plástico azul e rosa, Sansão nunca teve permissão de cortar o cabelo. E nada de comer qualquer coisa que viesse da videira — nada de cortar uvas ao meio para uma criancinha pôr na boca e esmagar. Provavelmente, a última exigência não era um grande problema: ele não poderia tocar em cadáveres.

Agora, imagine Sansão recebendo poder do Espírito Santo todos os dias de sua vida. Eu o imagino como Arnold Schwarzenegger em *Conan, o Bárbaro* e usando *dreadlocks* como o cantor jamaicano Bob Marley. Que visão! Tenho certeza de que ele era muito maior do que sua mãe. Os pais orgulhosos irradiavam alegria à medida que seu filho se tornava mais alto, mais corpulento e mais forte. Certo dia, porém, tudo mudou.

O pesadelo de todos os pais cristãos é perceber que seu filho está se afastando de Deus. O caráter de Sansão refletia muito daquilo pelo que os adultos jovens passam no mundo de hoje ao abandonarem a sua educação, testarem as águas e se rebelarem de sua própria maneira para encontrar o seu lugar. Ao longo de tudo isso, Deus ainda usou Sansão. Porém, as atitudes de Sansão impactaram sua mãe, como as atitudes de qualquer filho afetariam qualquer mãe. E tudo começou com ele cobiçando uma mulher.

A noiva — Jovem, inocente, bela
Sansão fez uma viagem a Timna e pôs os olhos numa deslumbrante filisteia, mas totalmente pagã. Sua decisão de se casar com ela foi

impulsionada por pura cobiça. As mães que conhecem a situação estão balançando a cabeça: "Não, não, não!". A mãe de Sansão tentou incutir-lhe juízo; não obstante, ele se manteve firme e se casou com a moça.

Embora realmente não saibamos a idade da noiva, podemos supor que era jovem. Ela não tinha ideia de com quem estava se casando. Não tinha ideia de que Sansão manteria segredos, teria acessos de raiva, a colocaria em posição comprometedora e mataria o povo dela. E por que ele se importaria? Nos tempos bíblicos, as mulheres passavam de propriedade do pai a propriedade do marido. Porém, embora essa jovem compreendesse a sua posição, esta não lhe tirava a dor da ferida.

A vida dessa jovem estava prestes a mudar. Seu coração não tinha ideia de que logo seria ferido, não só por seu marido, mas também por seu desesperado povo. Às vezes, eu coço a cabeça e pergunto: *Sério, Deus? Esse é o Seu plano? Você jogou essa pobre e inocente menina na confusão atrapalhada de Sansão?* Mas, então, sou lembrada de que Deus age em tudo.

Desde o início do casamento, Sansão revelou certa desordem em seu caráter. Podemos discernir as características de um homem orientado à carne e, em particular, de um homem que lutava com a falta de integridade sexual.

Fora dos limites. A Lei exigia que judeus se casassem com judeus; um homem judeu se casava dentro da sua própria religião. Porém, Sansão não se importou de ser um judeu nazireu e sua esposa ser uma filisteia incrédula. Quando um homem luta com falta de integridade sexual, ele pisa fora de seus limites.

Por favor, não me entenda mal; se você se casou com um incrédulo ou alguém de uma cultura diferente, isso não significa que ele luta com problemas de integridade sexual. Mas os homens que lutam com isso também ignoram facilmente os limites saudáveis. Um olhar lascivo a uma jovem filisteia fez Sansão violar as suas restrições.

Falta de intimidade. Sansão não estabeleceu o tom para a intimidade no início de seu casamento. Ele disse um enigma a um grupo de homens da festa de casamento e decidiu não divulgar a resposta à sua noiva. Sansão se casou com ela para atender a uma necessidade que não era a de intimidade. Homens que lutam com problemas de integridade sexual têm dificuldade em estabelecer intimidade. Eles são desligados de si mesmos, bem como da mulher de sua vida. O primeiro momento de egocentrismo de Sansão em seu casamento significou desconsiderar sua noiva, o que, é claro, ele teria feito se pensasse nela como mera propriedade destinada a cumprir o desejo dele.

Acessos de raiva. Todos nós temos acessos de raiva, de uma forma ou de outra. O simples fato de seu marido ter um acesso de raiva não significa que ele está lutando com falta de integridade sexual. Todavia, homens que lutam com esse problema também têm dificuldade em manter suas outras emoções sob controle. Quando ouviu os homens filisteus contarem o segredo do enigma, Sansão teve um ataque. Ele pagou a dívida, honrando os termos do enigma, mas descontou nos filisteus matando 30 deles. Depois disso, Sansão se isolou, voltando à casa de seus pais e deixando sua esposa para trás. Mais tarde, voltou a ela na intenção de adentrar ao quarto dela, porém descobriu que ela havia sido dada ao seu padrinho de casamento. Depois de outro momento caótico na vida descontrolada de Sansão, sua agora ex-mulher pagou o preço pelo comportamento dele. Os homens filisteus atearam fogo a ela e a seu pai, matando-os.

A amante — Sedutora, voluptuosa, enganosa
Após satisfazer uma necessidade física com uma prostituta, Sansão encontrou outra mulher e se apaixonou por ela. Sim, "...aconteceu que se afeiçoou a uma mulher do vale de Soreque, a qual se chamava Dalila" (JUÍZES 16:4).

Dalila deveria ser linda. As pessoas são consistentes; sem a cicatrização adequada em suas vidas, elas fazem o que sempre fizeram, agem como sempre agiram e falam e pensam em conformidade com as suas desordenadas vidas. Certamente, Sansão fez isso. Sua primeira esposa teve de passar no teste da beleza e, sem dúvida, Dalila também passou.

Dalila fez Sansão tremer nas bases, mas não em sua disposição de tagarelar sobre sua força. Como isso aconteceu? Imagine Sansão aconchegado nos braços de sua amante enquanto ela acariciava suas longas madeixas. Ela pediu: "...Declara-me [...] em que consiste a tua grande força e com que poderias ser amarrado para te poderem subjugar" (JUÍZES 16:6). Ora, meninas, para onde vão os pensamentos de um homem com essa pergunta! Posso ouvir Sansão agora: "Onde está a corda?". Sansão respondeu com uma série de elaboradas mentiras (outra característica de alguém que luta com problemas de integridade sexual) e, finalmente, Dalila questionou o amor dele por ela. Então, num piscar de olhos, o amor pôs tudo a perder. É claro que Dalila não retribuía o amor de Sansão; ela estava tramando para ajudar os inimigos dele a capturá-lo. Essa triste e lamentável mulher disfuncional estava disposta a trair seu amante por dinheiro. E Sansão não tinha ideia de que sua concessão sexual o levaria a colocar o seu poder, dado por Deus, nas mãos de uma mulher.

O impacto das escolhas e atitudes de Sansão lhe custou a vida. E assim ocorre com um número incontável de homens na atualidade. Sua falta de integridade sexual provoca um grande impacto cujo efeito cascata pode lhes custar seu emprego, família e futuro.

Embora eu não esteja dizendo que Sansão lutava com um vício sexual, quero compartilhar uma lista de características que Mark Laaser elenca em seu livro *O pecado secreto: curando as feridas do vício sexual*:

1. Preocupação com comportamentos de cunho sexual
2. Padrões crescentes de atividade sexual

3. Atitudes distantes ou arredias
4. Depressão e oscilações de humor
5. Irritabilidade
6. Abuso de si mesmo ou de outras pessoas
7. Resistência a supervisão ou crítica
8. Uso de humor sexual
9. Comportamento sexual inadequado e atitudes sexuais evidentes
10. Dificuldades ocupacionais, sociais, familiares, profissionais e legais
11. Intuição
12. Evidência direta[3]

O abuso dos outros por Sansão, juntamente com sua irritabilidade, alterações de humor, fúria, acessos de raiva, distanciamento emocional de sua mulher e padrões crescentes de atividade sexual — de sua esposa, a uma prostituta, à sua amante — apontam para algumas das características acima. Sansão também tinha dificuldades com sua família, vida social e vida em geral.

Na espiral descendente

DAVE ❋ Como você pode constatar, a vida de Sansão saiu de controle e ele reagiu às suas circunstâncias de maneira caótica e violenta. Sansão teve ataques de raiva, matou pessoas inocentes e abandonou sua esposa de "boa aparência". Contudo, em meio a tudo isso, Deus estava agindo. Pelo menos quatro vezes lemos na Escritura que o "Espírito do Senhor" estava se movendo por meio de Sansão (JUÍZES 13:24,25; 14:6,19; 15:14). Isso pode ser um enigma. Deus está dando poder a Sansão, abençoando-o mesmo em meio a um comportamento extremamente ímpio.

Jesus disse que Deus "...faz nascer o seu sol sobre maus e bons e vir chuvas sobre justos e injustos" (MATEUS 5:45). Isso significa que

Deus age em um nível totalmente diferente do nosso. Ele cumprirá o Seu propósito por meio de toda e qualquer pessoa que Ele escolher, mesmo que elas não sejam dignas dessa honra. Deus usará o homem em desordem de sua vida para cumprir os Seus propósitos. Porém, embora possa parecer que Deus está abençoando os injustos, veremos na história de Sansão que o salário do pecado ainda é a morte.

O impacto

TINA ✳ Ficar à margem, sentir o impacto do problema de um homem com a integridade sexual, é como ter ovos podres arremessados contra você. Você nunca sabe quando eles estão vindo ou onde cairão. O primeiro golpe bate forte e você é lançada para fora do equilíbrio. A dor é insuportável. Você tropeça e cai. Ficar de pé é difícil. O mau cheiro e a sujeira a oprimem; contudo, você persevera e mantém a sua posição.

Com o tempo você aprende a se desviar de alguns arremessos, ajusta-se balançando para cá e para lá, ou levanta alguns escudos para bloquear os golpes. E, quando você é atingida, não parece tão doloroso, porque você já passou por aquilo com certa frequência, logo se tornou imune à dor. Agora você espera pelos golpes, espera que eles venham e justifica as atitudes do homem. Contudo, você ainda acredita quando ele diz: "Esta será a última vez" — embora você saiba, lá no fundo, que não será — pois *quer* ter esperança.

Para outras mulheres, quanto mais ataques você suporta, mais irritada você se torna. Em pouco tempo, a mínima coisa faz você explodir e desencadear a ira. A amargura corrói o seu interior como uma rápida labareda. Você odeia. Você odeia a vida. Você o odeia. Você odeia a si mesma. As atitudes dele a afetaram. Enojaram você. Transformaram-na em algo que nunca pensou que se tornaria.

O efeito cascata do pecado sexual de um homem é devastador. Infelizmente, no mundo atual, as oportunidades para comprometer a integridade sexual de uma pessoa são tão fáceis de obter quanto os produtos expostos num corredor de supermercado. O acesso quase universal à Internet torna muito mais difícil resistir à tentação.

As informações abaixo foram relatadas, em 2002, pela Academia Americana de Advogados Matrimoniais. A pesquisa revela o impacto da Internet sobre o divórcio:[4]

- 68% dos divórcios envolviam uma das partes que conheceu um novo amante na Internet.
- 56% envolviam uma das partes tendo "um interesse obsessivo por sites pornográficos".
- 47% envolviam tempo excessivo no computador.
- 33% envolviam tempo excessivo em salas de bate-papo.

Além da raiva que as mulheres sentem quando são traídas, eis a seguir mais alguns pensamentos e emoções autodestrutivos que elas podem desenvolver:

- Não sou bonita o suficiente.
- Não dei a ele atenção suficiente.
- Não fui "digna de amor".
- Eu mereci.
- Jamais superarei isso.
- É minha culpa.
- Sinto-me enojada por ele tocar outra mulher (caso), olhar para outra mulher (pornografia) ou falar com outra mulher (sexo por telefone) antes de mim.
- Temo pelo futuro.

A cura

Nós não podemos consertar o homem em desordem de nossa vida; só Deus pode fazer isso. Mas podemos adotar medidas para a cura. Eu tinha uma amiga cujo marido herdou caixas de revistas antigas da *Playboy*. Aqueles clássicos ficaram em sua garagem durante anos. Quando eu perguntei à minha amiga como ela se sentia a respeito das revistas e se ela poderia conversar com seu marido sobre elas, ela respondeu: "Ele não vê nada de errado nelas". Devido à atitude dele, ela acreditava estar com as mãos amarradas para fazer qualquer coisa acerca delas.

Que dilema! O que fazemos quanto ao mau comportamento do nosso marido, especialmente quando ele não vê nada de errado naquilo? A menos que o Espírito Santo convença o coração e abra os olhos de seu homem em desordem, nada mudará. Podemos falar até a nossa última palavra ser pronunciada, mas, a menos que ele esteja pronto para realizar uma transformação, não há nada que a mulher possa fazer para mudá-lo.

Entretanto, nem toda esperança está perdida. Eis aqui algumas coisas que você pode fazer para se colocar em um lugar saudável.

Abrir seu coração. Nossas emoções precisam de um lar, um lugar para ir, alguém a quem recorrer. Com muita frequência, fazemos más escolhas sobre como lidar com nossos esmagadores sentimentos. Devolvemos o insulto, permitimos que a amargura apodreça ou negamos totalmente o que sentimos. Determine-se a encontrar um lugar seguro para liberar as suas emoções e trabalhar a seu respeito e sobre os problemas presentes.

Permitir-se curar e perdoar. Você não tem de fingir que aquilo não aconteceu ou pensar que precisa se levantar no dia seguinte e fingir que perdoou porque é isso que as boas meninas cristãs fazem.

No devido tempo, com a ajuda de Deus, à medida que o seu coração se curar, você poderá chegar a um lugar de perdão. Todo passo, minúsculo ou não, leva a algum lugar. Conceda a si mesma tempo e permissão para curar-se; o perdão virá como consequência.

Encontrar um sistema de apoio confiável. Frequentemente, nossa mentalidade é: "Eu não preciso de ajuda. Não é meu problema." Parte de encontrar força e lidar com a traição sexual de um homem é encontrar um bom sistema de apoio. Escolham sabiamente, minhas amigas, porque a pessoa em quem você confia pode ser benéfica ou prejudicial. Há muitos conselheiros e grupos de apoio cristãos maravilhosos para mulheres passando por esse problema. Encontre alguém que instilará verdades bíblicas e trará esperança.

Compreender a batalha. Homens com problemas de integridade sexual lutam contra a carne. Mateus diz: "...O espírito [...] está pronto, mas a carne é fraca" (26:41). Porém, frequentemente há uma razão mais profunda para os homens terem um mau comportamento sexual além de qualquer prazer que eles possam receber pelo ato. Frequentemente, os homens que lutam com vício sexual têm problemas de abandono, abuso sexual, falta de carinho e assim por diante. Tal como acontece com qualquer luta, os homens fazem escolhas insalubres para preencher espaços vazios em sua vida. Uma vez em recuperação, eles atacam esses problemas, chegam ao cerne da questão e aprendem a substituir escolhas insalubres por escolhas saudáveis. Mulheres que caminham com homens nessa área precisam entender a batalha e, por meio desse entendimento, sairão com uma maior compreensão daquilo em que elas precisam trabalhar.

Seguir em frente. Frequentemente, sentimos a necessidade de colocar nossa vida em espera até que a vida do homem confuso se endireite. Não faça isso. Dedique tempo a orar sobre a sua situação e Deus orientará.

Finalmente, lembre-se das palavras de Isaías:

Não temas, porque não serás envergonhada; não te envergonhes, porque não sofrerás humilhação [...] Porque o teu Criador é o teu marido; o Senhor *dos Exércitos é o seu nome; [Ele] é o teu Redentor [...] o Deus de toda a terra. Porque o* Senhor *te chamou como a mulher desamparada e de espírito abatido; como a mulher da mocidade, que fora repudiada, diz o teu Deus [...] Porque os montes se retirarão, e os outeiros serão removidos; mas a minha misericórdia não se apartará de ti...* (ISAÍAS 54:4-6,10)

Os pilares

DAVE ❉ Como foi que aconteceu aquele momento de fraqueza que custou a Sansão a sua vida? Foi o abraço de uma amante? Um quarto perfumado e envolvido numa névoa de paixão?

O suave afago feminino na têmpora, a doce fragrância de uma mulher, a pródiga suavidade de seu colo — coisas como essas podem virar a cabeça de um homem.

...Dalila fez dormir Sansão nos joelhos dela e, tendo chamado um homem, mandou rapar-lhe as sete tranças da cabeça; passou ela a subjugá-lo; e retirou-se dele a sua força. E disse ela: Os filisteus vêm sobre ti, Sansão! Tendo ele despertado do seu sono, disse consigo mesmo: Sairei ainda esta vez como dantes e me livrarei; porque ele não sabia ainda que já o Senhor *se tinha retirado dele.* (JUÍZES 16:19,20)

Esse não é um quadro triste? O homem forte se tornou fraco. O Senhor o deixou e Sansão nem sequer sabia disso. Suponho que ele ainda parecia ser forte e sua massa muscular ainda estava no lugar. Contudo, em dado momento, ele havia se tornado impotente nas mãos de uma mulher.

"Então, os filisteus pegaram nele, e lhe vazaram os olhos..." (v.21). Considero irônico um homem ser levado à ruína por seus olhos ("desta me agrado"), ao fim perdendo sua capacidade de enxergar. Sansão foi levado por seus olhos a relacionamentos destrutivos e o preço foi alto — a cegueira. Provavelmente, o seu marido também enfrentará um alto preço por seus olhos furtivos. Sua força poderá ser removida e seu poder poderá se tornar fraco.

"E o cabelo da sua cabeça, logo após ser rapado, começou a crescer de novo" (v.22). Amo o fato de a história de Sansão não terminar com uma careca e olhos cegos. Deus ainda não havia terminado a Sua obra em Sansão e não terminou a Sua obra em seu homem em desordem. Deus é o Deus da graça e de segundas chances.

Sansão passou seu tempo na prisão e como motivo de chacota diante dos filisteus. Porém, certo dia, um rapaz tomou as mãos de Sansão e o levou diante dos filisteus para "diverti-los". Sansão disse ao rapaz: "...Deixa-me, para que apalpe as colunas em que se sustém a casa, para que me encoste a elas" (v.26). As colunas representam força e, literalmente, sustentam a casa; a vitória final de Sansão envolveu deslocar as colunas e derrubar a casa. Provavelmente, o seu marido

---

As colunas

— ✳ —

"...Deixa-me, para que apalpe as colunas em que se sustém a casa, para que me encoste a elas" (JUÍZES 16:26).

- Colunas representam força e, literalmente, sustentam a casa.
- Ore para que Deus destrua as fortalezas e edifique fortes colunas de fé.

terá de empurrar alguns pilares para fora da vida dele a fim de derrotar seus demônios e derrubar os seus inimigos. Poderá parecer ser o fim dele, mas Deus sabe como ressuscitar e restaurar.

A história de Sansão não termina com um velho alquebrado cheio de vergonha apodrecendo em uma prisão filisteia; ela termina heroicamente, com um Sansão forte derrubando o templo de Dagom com as próprias mãos e, no processo, matando mais inimigos na sua morte do que durante a sua vida.

Como Deus vê Sansão, que viveu de maneira tão tola e cobiçosa? Em Hebreus 11 temos a "Galeria da Fé", um elenco de grandes homens e mulheres de Deus: Abel, Noé, Abraão, José, Raabe, Davi... 16 ao todo, incluindo o "Homem do Sol", Sansão. Hebreus 11:39 diz que ele e todos os demais obtiveram bom testemunho por sua fé.

Então, de volta a pergunta: Que característica singular lhe vem à mente quando você pensa em Sansão? Força? Fraqueza? Concupiscência?

Se você perguntar a Deus, a resposta dele será: Sansão foi um homem de fé.

Superando a desordem

1. Como você definiria cobiça?
2. Leia Tiago 1:14,15. Por que coisas você sente cobiça ou atração? Seja honesta.
3. O que Tiago quis dizer com: "Então, a cobiça, depois de haver concebido, dá à luz o pecado; e o pecado, uma vez consumado, gera a morte" (1:15)? Como isso se relaciona à história de Sansão?
4. Leia 1 Coríntios 10:12. O que esse texto diz para fazermos? De que maneira seguir o conselho das Escrituras pode ajudar as mulheres a ajudarem homens que lutam com pecado? Embora os homens sejam responsáveis pelo seu próprio comportamento, você pensa que as mulheres se vestirem de maneira mais recatada

poderia fazer diferença? Que outras atitudes as mulheres podem tomar para incentivar a integridade sexual?

5. Leia Romanos 13:14. A que pertence a concupiscência, conforme a Bíblia? Como devemos combater a concupiscência? Como podemos fazer isso?
6. *Mudando-se para um lugar mais saudável:* Leia Gálatas 6:1. Quão difícil seria para uma mulher ferida pela falta de integridade sexual de um homem fazer isso? Leia essas passagens que ajudam as mulheres a superar a ferida e ir para uma posição mais saudável: Jó 32:8; Salmo 37:34; 119:50; 147:3; Provérbios 24:29.

Que o Senhor a ajude a encontrar cura e restauração.
Que Ele limpe e renove os seus relacionamentos,
e que você possa vir a encontrar maior
força dentro de você.

# 11

O ENDEMONINHADO

Um pária oprimido

*Para a liberdade foi que Cristo nos libertou.
Permanecei, pois, firmes e não vos submetais,
de novo, a jugo de escravidão.*

GÁLATAS 5:1

"Acalma-te, emudece!" O vento diminuiu até desaparecer e o choque das ondas cessou. Silêncio — exceto o som de água espirrando sobre os pés dos discípulos. Eles se sentaram, pasmos. Quase sussurrando, um deles disse: "Quem é este que até o vento e o mar lhe obedecem?".

O sol reluzia nas águas cristalinas. O barco completou a sua passagem em paz e deslizou para a margem oposta.

Porém, no lugar onde eles haviam desembarcado, na divisa de um cemitério, um tipo diferente de tempestade estava furioso. Vivia ali, entre os mortos — um homem, uma alma atormentada. Nu, ele vagava entre os túmulos, soltando guinchos para o céu, com as cicatrizes de sua autoflagelação permeando sua pele imunda. Os moradores locais, até mesmo os membros da família, afastavam-se dele, temendo sua loucura, sua terrível e irracional violência.

Porém, Jesus não temeu. No centro do cemitério, Ele adentrou como uma pessoa dotada de total autoridade e com o direito de estar lá; e, diante dele, as trevas se dispersaram.

"Espírito imundo, sai desse homem!"

Correndo de trás do túmulo onde estava escondido, o homem se lançou aos pés de Jesus. "Que tenho eu contigo, Jesus, Filho do Deus Altíssimo? Conjuro-te por Deus que não me atormentes." A voz do homem — a voz deles — ressoou pelos montes. Os demônios conheciam Jesus e tremiam em Sua presença. "Qual é o teu nome?" — perguntou Jesus.

"Legião é o meu nome, porque somos muitos."

Uma legião de nomes

TINA ✳ No clássico *O Hobbit*, de J. R. R. Tolkien, Gandalf conta aos anões sobre um ser estranho, chamado Beorn, que lhes dará comida, água e um lugar para descansarem. Mas, quem é esse Beorn? Gandalf responde: "Ele é um troca-peles. Ele troca de pele: algumas vezes é um enorme urso negro, outras é um homem grande e forte, de cabelos negros." Gandalf acrescenta: "Ele não está sob nenhum encantamento, a não ser o seu próprio."[1]

A história do endemoninhado é a história de um homem feito refém — escravizado — por meio de possessão demoníaca. Atualmente, os homens continuam a vivenciar várias formas de escravidão e, como Beorn, encantamentos criados por si mesmos. Fortalezas criam troca-peles: em dado minuto eles são homens fortes; no próximo, são algo diferente. Meu pai era assim. Quando sóbrio, era possível arrazoar com ele, mas, sob a influência do álcool, ele se tornava um urso, selvagem e imprevisível.

As fortalezas são comportamentos destrutivos permanentes que acabam levando à destruição. O vício em álcool e drogas são apenas dois exemplos. Outros, como sexo, ganância, raiva, controle, medo e ciúme, têm um potencial semelhante de escravizar um homem.

Porém, algo acontece quando confessamos uma fortaleza em nossa vida. Talvez seja por isso que Jesus pede ao demônio para dizer seu nome, embora Ele já o soubesse — porque os nomes desempenham papéis importantes em nossa vida. É por isso que, nos programas de reabilitação, é comum ouvir: "Olá. Meu nome é João e sou um alcoólatra." Falar a verdade sobre a escravidão traz a fortaleza das trevas para a luz e enfraquece o seu domínio sobre uma pessoa.

Que fortalezas aprisionam os homens de sua vida? Embora um demônio não possa manter o seu marido refém, outras coisas na vida dele podem — coisas que já mencionamos e qualquer outro pecado que o atraia e o aprisione.

Legião

DAVE ✻ Tina trouxe à vida a história de um homem realmente em desordem, contada em Lucas 8:26-39. Possuído por inúmeros demônios, ele não usava roupas, não tinha casa e vivia entre os túmulos de um cemitério na região dos gerasenos. Ele havia sido acorrentado muitas vezes e até mantido sob guarda, mas os demônios que habitavam nele eram tão fortes que o homem quebrava as correntes e perambulava deserto adentro. Era conhecido como Legião devido aos muitos demônios que o possuíam. Esse homem atormentado vivia totalmente só — sem amigos, sem família, sem abrigo, sem vida.

Não sei qual é a condição do homem de sua vida. Eu não sei qual é a fortaleza dele, se é possuído por algum espírito maligno ou se apenas está lutando para fazer a coisa certa. Ele pode estar no fim de uma grande calamidade, ou bem no início dela. Ou, talvez, ele pareça estar indo muito bem. Penso que todas as pessoas lutam com algo, talvez muitas coisas, e algumas mais do que outras. Como o endemoninhado, o seu marido pode estar lidando com uma legião de problemas.

No início do processo de escrever este livro, concluí que eu não apenas sou um homem em desordem, mas, até certo ponto, poderia ser um bom exemplo para cada uma das questões apresentadas nestes capítulos. Embora eu nunca tenha sido possuído por uma multidão de demônios, fui possuído por uma miríade de problemas. Eu sou Legião — tenho muitos problemas! Ao longo de anos de trabalho, superei muitas áreas; mas, acredite-me, ainda estou trabalhando nisso. Permita-me compartilhar algumas coisas sobre o endemoninhado geraseno que me dão esperança e podem dar a você também.

Primeira: Antes de chegar à terra dos gerasenos, Jesus já estava indo naquela direção. Anteriormente, Ele havia ensinado a uma grande multidão junto ao mar da Galileia — um belo lugar com muita história, onde os discípulos pescavam alimentos e Jesus pescava homens. "Naquele dia, sendo já tarde, disse-lhes Jesus: Passemos para a outra margem. E eles, despedindo a multidão, o levaram assim como estava, no barco; e outros barcos o seguiam" (MARCOS 4:35,36).

Considere por um momento: quando Jesus disse "Passemos para a outra margem", Ele estava tentando se afastar da multidão ou ter um momento de restauração — ou pretendia algo mais?

Jesus sabia o que havia no outro lado. Jesus estava em uma missão. Eis aqui um *grande* ponto dessa história em poucas palavras: *Jesus nos busca.*

Você pode não ver Jesus na sua situação por enquanto, mas Ele está a caminho. Amo o fato de que, entre sair da Galileia e aportar na terra dos gerasenos, Jesus acalmou uma tempestade. Talvez Ele estivesse se aquecendo para a tormenta de demônios que logo confrontaria. Temos de confiar em que Jesus mantinha as Suas prioridades na ordem correta, mesmo que quisesse ter feito as coisas de outra maneira. Como é dito em Provérbios: "Confia no SENHOR de todo o teu coração e não te estribes no teu próprio entendimento" (3:5).

Segunda: Jesus lida primeiro com as questões essenciais. Ele não vestiu o homem nu. Ele não providenciou abrigo para ele. Ele nem sequer o libertou das suas correntes. A primeira coisa que Jesus fez foi livrar o homem da opressão demoníaca, do seu cativeiro, da sua fortaleza. A falta de roupas e abrigo era sintomática do problema real do homem. Jesus lidou com esse problema, sabendo que, como resultado, tudo o mais seria corrigido.

Você poderá não ver os sintomas do seu próprio homem mudando imediatamente. Mas tenha a certeza de que Jesus está trabalhando naquilo que é o mais importante.

Terceira: A mudança custa caro. "...andava ali, pastando no monte, uma grande manada de porcos; rogaram-lhe que lhes permitisse entrar naqueles porcos. E Jesus o permitiu. Tendo os demônios saído do homem, entraram nos porcos, e a manada precipitou-se despenhadeiro abaixo, para dentro do lago, e se afogou" (LUCAS 8:32,33).

Os donos dos porcos pagaram um alto preço pela cura de um homem ao qual eles podiam não ter dado valor ou sequer conhecido. Você também poderá pagar um preço para ver o seu homem se recuperar. Talvez, você terá que mudar durante o processo de ver o seu marido restaurado. A recuperação dele poderá revelar problemas ocultos em você mesma, que precisam ser resolvidos. Ao longo do processo de cura dele, você poderá descobrir que você mesma é uma pessoa com muitos problemas.

A Família

TINA ✷ Em algum lugar deste mundo, o endemoninhado tinha uma família. A Bíblia não diz se ele se casou ou teve filhos, mas sabemos que ele veio de uma aldeia onde o "seu povo" habitava. Imagine como eles devem ter se sentido constrangidos ao chegar a notícia de que seu parente foi visto vagando nu entre os túmulos — um homem louco que havia perdido o juízo, cortando-se com cacos de vidro.

Imagino que, no início de sua condição de endemoninhado, alguém caminhou por entre os túmulos para tentar chamá-lo ao bom-senso: "Venha para casa. Por favor. Nós podemos ajudá-lo." Estou apenas especulando, é claro; suponho que, depois de algum tempo de esforço infrutífero, todos o deixaram sozinho. Porém, a minha questão é que, quando um homem em desordem luta com uma fortaleza, a sua família é fortemente impactada. Nas histórias que lemos na Bíblia, as pessoas que não tinham ideia do que fazer com os seus familiares aflitos os levavam até Jesus. "Chegada a tarde, trouxeram-lhe muitos endemoninhados; e ele meramente com a palavra expeliu os espíritos e curou todos os que estavam doentes" (MATEUS 8:16).

Para nós, essa tarefa de eliminação de uma fortaleza pode parecer fácil: "Por que você não para, e pronto? Deixe de fazer isso." Não é tão simples assim, porém; para a pessoa que luta, a batalha é feroz. A fortaleza pode suplantar a habilidade de um homem de romper o domínio dela. Mas, Deus seja louvado, quando ela se defronta com Jesus, ela cai de joelhos, revela sua identidade secreta e a luz expulsa as trevas. Há liberação. Cura. Liberdade.

O Libertador
Beth Moore diz: "Deus está muito mais interessado em que conheçamos o Libertador do que em simplesmente nos libertar".[2] Certo ano, isso se mostrou uma valiosa lição para mim nessa área.

Os anos de alcoolismo de meu pai foram difíceis e de provação. Quando éramos crianças, aprendemos a manter silêncio sobre os problemas de nossa família. Na única vez em que minha irmã e eu tentamos compartilhar com o conselheiro da escola, a assistente social telefonou a meus pais antes de visitar nossa casa. Ao chegar, ela encontrou nossa família perfeitamente em ordem e todos passando bem. Minha irmã e eu parecíamos crianças ignorantes tentando causar problemas em vez de procurar ajuda.

A partir daquele momento, sentimo-nos impotentes e sem esperança de que alguém nos resgatasse das nossas terríveis circunstâncias. Nosso próximo pensamento foi planejar nossa fuga — fugir de casa. Isso também não deu certo.

Certo verão, pouco antes do meu aniversário de 16 anos, participei de um acampamento de verão para jovens. Mal sabia eu que Deus estava lá antes de mim, enviando um palestrante só para mim. Sentados ao redor da fogueira com outras crianças entoando canções como "Kumbaya", "Dá-me óleo para a minha lamparina" e "Tenho alegria em meu coração", eu estava vazia. Então, aconteceu — o testemunho do palestrante. Fiquei atenta a cada palavra sua, engolindo em seco e sufocando as lágrimas. *Ele também era alcoólatra?* Ele compartilhou sua milagrosa recuperação, quando Deus o libertou instantaneamente. *Como pode ser?* Perguntas se formaram em minha mente confusa, aglomerando-se, empurrando. *Eu preciso sair. Preciso chorar.*

Pulei e corri para longe do círculo cheio de fumaça, com lágrimas escorrendo de meus olhos. Minha partida não passou despercebida. Depois de tudo, o palestrante me encontrou, tocou meu braço e perguntou: "Você gostaria de conversar?".

Sentada diante daquele jovem evangelista, eu disse em voz alta: "Meu pai é alcoólatra". Mais tarde, eu admitiria isso a um grupo de pessoas pela primeira vez, mas aquele foi o meu momento de confissão, de realidade e de chegar a um doloroso acordo com a fortaleza de meu pai e seu impacto sobre mim.

Devo ter chorado uma quantidade absurda de lágrimas. O homem me encorajou a jamais desistir de meu pai. Ele me assegurou de que, embora a fortaleza na vida de meu pai o tivesse mudado, Deus era o poderoso Deus que, se meu pai estivesse disposto, traria de volta a vida de meu pai e esmagaria aquela fortaleza.

Naquele ano, no acampamento, encontrei esperança. *Testemunhei* esperança. E vim a crer na esperança — de que, algum dia, Deus quebraria as correntes que prendiam meu pai. Isso começou quando eu enxerguei a fortaleza, dei nome a ela e, assim, a expus. O chão treme e o Céu se move quando isso acontece.

A maneira de Deus

Avanço rápido para vários anos mais tarde — depois de terminar a faculdade, me casar e ir morar não muito longe de meus pais. Crianças corriam ao redor da casa e ruídos ricocheteavam nas paredes — o caos habitual de um dos encontros de Ação de Graças de nossa família.

O telefone tocou e eu atendi. Uma voz familiar do outro lado disse: "Aqui é o seu tio". Depois de conversar por um momento, ele disse: "Não conte a ninguém ainda, mas eu levei o seu pai ao Senhor".

O quê? Chocada, virei-me e olhei para meu pai. Ali estava ele de pé, ou tentando manter-se de pé, embolando as palavras enquanto segurava sua bebida. "Você o quê?" — eu disse ao meu tio. *Sou eu a primeira a saber?* Minha mãe sabe? Muitas perguntas se passavam pela minha mente.

Meu coração se abateu. *Onde está a cura milagrosa? A transformação?* A alegria não se manifestou naquele dia. Em vez disso, o desespero preponderou. Senti que meu pai não havia sido sincero. Sua antiga vida estava diante de mim. Sua fortaleza me insultava.

Poucos meses depois, minha mãe telefonou para me avisar que meu pai havia deixado de tomar bebidas fortes. Ele agora bebia apenas seis fardos de cerveja por dia. Eu ri. "Ah, tudo bem, mãe."

Fé, onde está você? Quando foi que eu desisti da esperança que encontrei no acampamento?

Nos meses seguintes, minha mãe me telefonava rotineiramente para relatar o consumo de álcool de meu pai. A cada mês ele bebia menos. Quase um ano se passou até o telefonema histórico: "Tina, seu pai tem bebido só duas cervejas por dia; hoje, ele foi até a geladeira, abriu-a para pegar a última cerveja e disse: 'A cerveja me deixa enjoado. Acho que não vou mais beber.'"

Depois de algum tempo, meu tio compartilhou a história do que aconteceu entre ele e meu pai. Meu pai ligou para ele, e eles se encontraram no estacionamento de um velho supermercado abandonado. Meu pai disse: "Não posso mais fazer isso" e desabou. Meu tio pegou sua velha Bíblia no painel de sua picape e compartilhou o evangelho com meu pai — falou sobre como Jesus o amava, morreu por ele, deu-lhe propósito e queria libertá-lo. Meu pai orou ali mesmo — ajoelhado no estacionamento sujo, com carros passando. Ele não se importou.

Após aquele ano, o Senhor se apossou de meu coração sem fé. Eu acreditava que Deus sempre fazia as coisas de uma certa maneira. Não era verdade. Acreditava que, para melhorar, meu pai precisava se internar em uma clínica de reabilitação. Não era verdade. Eu também acreditava que, se Deus não usasse a reabilitação, Ele removeria instantaneamente o cativeiro de meu pai, como fez ao endemoninhado ou ao evangelista do acampamento. Não era verdade.

O Senhor teve comigo uma conversa de coração para coração: "Veja, Tina, os meus caminhos não são os seus caminhos, e os meus pensamentos não são os seus pensamentos. Posso fazer as coisas de maneiras que você nunca sonhou ser possível".

Antes de Deus revelar aquilo a mim, eu não percebia que, durante aquele longo ano, Deus estivera desintoxicando meu pai. Todos os dias, meu pai bebia um pouco menos até chegar a uma única cerveja. Essa foi a maneira de Deus.

Deus também agiu no hábito de meu pai de ir ao bar. Lentamente, ele se afastou da sua insalubre rotina diária. Essa foi a maneira de Deus.

Meu pai cuidou de se distanciar de seus amigos de bebida e de pesca, que, na verdade, mais bebiam do que pescavam. Levou tempo — e também foi a maneira de Deus.

Assisti meu pai fazer essas mudanças em sua vida. E percebi que Deus não salvou meu pai da sua vida destrutiva — Deus o *estava* salvando. Todo dia em que meu pai efetuava uma mudança era um momento de salvação na vida dele.

Certo dia, ao telefone comigo, revivendo aquele ano em que meu pai parou de beber, minha mãe compartilhou uma percepção importante. Após dizer que o álcool o deixava enjoado, papai deu um enorme passo que simbolizou algo muito maior do que o que ele fizera em todo aquele ano. Por sua própria vontade, ele levou aquela última cerveja até a pia, abriu-a e a derramou. Que bela imagem de largar o que, antes, tentava destruir a vida dele. Naquele dia, ele encontrou total liberdade e uma força que nenhum de nós sabia que ele tinha. É claro que aquele momento não significou que meu pai nunca lutara, que jamais ansiara por outra bebida. Aquele gesto não significou que o demônio não chamaria o nome de meu pai ou não encontraria momentos para empurrar uma garrafa em sua direção. Ele significou que Deus era, em meu pai, maior do que Satanás, que está no mundo (1 JOÃO 4:4).

Provavelmente, meu pai foi provocado por seus demônios mais do que eu imagino, mas perseverou. Ele ia à igreja, lia a Bíblia e orava. Os dias em que o consideramos um homem transformado são dias que valorizaremos pelo resto de nossas vidas. Meu pai se tornou um homem maravilhoso, repleto de amor, sempre retribuindo aos outros; então, certo dia, Deus o levou para o lar eterno. Ele está agora experimentando a liberdade de uma maneira totalmente nova.

Talvez você tenha conceitos errôneos e dúvidas sobre a maneira como Deus está cuidando dos homens em desordem de sua vida. Talvez você tenha imaginado Deus o libertando e agindo na vida dele de uma certa maneira. E a encorajo a não desviar o olhar de pequenos passos, como eu fiz. Em vez disso, perceba esses momentos, confiando em que Deus está realizando algo bom.

Quatro coisas pelas quais orar que ajudam a destruir fortalezas

Admiro minha mãe, que jamais desistiu de meu pai, orou todos os dias e suportou mais do que eu sou capaz de imaginar. Em algum lugar em sua mente, ela continuava dizendo: "Eu sei Senhor, que tu podes fazer isso — sei que tu podes fazer isso". Talvez, ao longo do tempo, suas orações tenham mudado de "Sei que tu podes fazer isso, Deus" para "Sei que *ele* pode fazer isso. Ele *pode* fazer isso. Dá-lhe força."

A oração é uma das principais ferramentas para transformar a vida de um homem. Mateus 3 nos diz como devemos orar e pelo que devemos orar. Ore para que a vontade de Deus seja feita para você e para o homem em desordem de sua vida. Peça a Deus para fortalecer vocês dois com o Seu pão de cada dia, para perdoá-los e dar-lhes a capacidade de perdoar os outros, para protegê-los da tentação, e acima de tudo, para livrar você e o homem em desordem do Maligno.

Você se comprometerá a orar pelas quatro áreas abaixo todos os dias pelo homem em desordem de sua vida? Ore assim por ele.

Que ele seja cheio do Espírito de Deus. Peça a Deus para dar a ele sabedoria e entendimento, e para aumentar os dons e capacidades dele. Peça a Deus para se revelar na caminhada diária desse homem.

> Texto bíblico: "...o Espírito de Deus o encheu de habilidade, inteligência e conhecimento em todo artifício" (ÊXODO 35:31).

> Oração: Amado Senhor, enche _____ com o Teu Espírito Santo. Que o Teu Espírito expulse o inimigo, liberte-o das suas garras e leve _____ a se render a ti. Que tu limpes toda fibra e célula. Envolve-o com Tua sabedoria e entendimento. Toma posse de sua mente, corpo e alma. Remove qualquer coisa nele que não seja Tua, desde a cabeça até a planta dos pés dele.

Que somente tu, e nada mais, residas nele. Salva-o, Senhor. Eu o entrego a ti, Senhor, para fazeres uma grande e poderosa obra em sua vida. Amém.

Que o pecado dele venha à luz. Peça a Deus para expor a fortaleza do homem em desordem. Embora possa ser um processo doloroso, peça a Deus para forçar a fortaleza a sair do seu esconderijo para a gloriosa luz de Deus, sabendo que, uma vez na luz, o pecado perde o seu poder.

Texto bíblico: "...Deus é luz, e não há nele treva nenhuma. Se dissermos que mantemos comunhão com ele e andarmos nas trevas, mentimos e não praticamos a verdade. Se, porém, andarmos na luz, como ele está na luz, mantemos comunhão uns com os outros, e o sangue de Jesus, seu Filho, nos purifica de todo pecado" (1 JOÃO 1:5-7).

Oração: Amado Senhor, peço que _____ encontre a coragem necessária para sair das trevas para a luz. Abre oportunidades para revelar a fortaleza dele. Traz à vida dele outros com quem ele se sinta confiante e confortável em compartilhar. Liberta-o desse fardo de manter a fortaleza em segredo. Tira dele a vergonha e a culpa. Substitui-as por uma percepção de Teu amor e perdão. Ajuda-o a se desapegar da fortaleza e incute nele uma urgência de se arrepender, de se livrar dela. Dá-lhe um desejo ardente de transformação. E, pelo Teu nome, reivindicamos a vitória na vida dele. A batalha já foi vencida. Dá-lhe a força necessária para reivindicar a vitória. Amém.

Que Deus se torne a fortaleza dele. Ore para que Deus se torne a fortaleza de seu homem em desordem e que tudo o mais seja expulso.

Texto bíblico: "Em ti, força minha, esperarei; pois Deus é meu alto refúgio" (SALMO 59:9).

Oração: Amado Senhor, Deus de força e coragem, vem depressa. Nós precisamos de ti. Peço que tu quebres as fortalezas na vida de _____; que Tu retires as garras dela e que te tornes aquele a quem ele se agarra. Substitui a luta dele pelo o poder da Tua vontade. Sei que, por meio de ti, ele pode fazer grandes coisas. Abre os olhos dele para ver, buscar e encontrar a ti. Fortalece o apego dele a ti. Que assim seja, Senhor. Que assim seja. Eu te louvo pelo que tu estás prestes a fazer na vida dele. Amém.

Que Deus o equipe para a batalha. Ore para que o homem de sua vida vista a armadura completa de Deus e que, por meio de Cristo, ele continue a lutar uma batalha vitoriosa.

Texto bíblico: "Quanto ao mais, sede fortalecidos no Senhor e na força do seu poder. Revesti-vos de toda a armadura de Deus, para poderdes ficar firmes contra as ciladas do diabo; porque a nossa luta não é contra o sangue e a carne, e sim contra os principados e potestades, contra os dominadores deste mundo tenebroso, contra as forças espirituais do mal, nas regiões celestes" (EFÉSIOS 6:10-12).

Oração: Amado Senhor, peço proteção para mim, minha família e _____. Cerca-nos com os Teus poderosos guerreiros e guarda-nos de dia e de noite. Que nós possamos vestir a nossa armadura completa, nada deixando de fora, e que possamos permanecer firmes contra os estratagemas do inimigo. Traz esses estratagemas à luz, Senhor, e, durante os nossos momentos carnais, lembra-nos de que nós não lutamos uns contra os outros, e sim contra forças espirituais. Peço-te que não apenas transformes o homem de minha vida, mas a mim também. Resgata-me, ensina-me e me leva de volta a ti. Juntos, podemos fazer grandes coisas para o Teu reino. Amém.

Quatro coisas sobre o que orar que ajudam a destruir fortalezas

Ore a Deus para:

1. Encher o homem em desordem com o Seu Espírito
2. Trazer a fortaleza das trevas para a luz
3. Tornar-se a Fortaleza do homem em desordem
4. Equipar e proteger o homem em desordem

DAVE ※ Dois mil porcos morreram no dia em que Jesus libertou o endemoninhado, só para devolver a vida a um homem. Como você pode imaginar, irrompeu o caos e as pessoas correram ao local para vislumbrar a comoção. O que elas encontraram? "Indo ter com Jesus, viram o endemoninhado, o que tivera a legião, assentado, vestido, em perfeito juízo..." (MARCOS 5:15).

Imagine o choque e a confusão das pessoas. O homem havia se tornado algo mais do que como os outros o conheciam — possuído. Eles souberam como reagir a um homem cuja fortaleza havia sido arrancada e, agora, estava na plena glória de como Deus o criou?

> *Ao entrar Jesus no barco, suplicava-lhe o que fora endemoninhado que o deixasse estar com ele. Jesus, porém, não lho permitiu, mas ordenou-lhe: Vai para tua casa, para os teus. Anuncia-lhes tudo o que o Senhor te fez e como teve compaixão de ti. Então, ele foi e começou a proclamar em Decápolis tudo o que Jesus lhe fizera; e todos se admiravam.* (MARCOS 5:18-20)

Eis a recompensa: o seu homem chega em casa! Alegre-se! Louve! Adore! Todavia, o felizes para sempre pode incluir algumas ressalvas. Talvez você receba na caixa de correio uma conta por mil porcos afogados — talvez até mesmo uma ação judicial. Amigos que acompanharam você ao longo da sua crise poderão estar buscando a próxima pessoa a ajudar e começar a se distanciar de você e sua família. Uma casa que não tinha um homem precisa, agora, ajustar-se ao regresso de um marido e pai e do desejo dele de desempenhar um papel importante na família com a qual ele não se envolvia anteriormente. É verdade que muitas coisas melhorarão quando o seu homem voltar ao lar, mas não pense que será fácil. Você precisará fazer ajustes.

Entretanto, segure-se à esperança de que Deus *está* salvando o homem em desordem de sua vida. Não que Ele o *fará*, mas que Ele o *está fazendo*. Todos os dias de nossa vida, Deus nos salva de alguma coisa. Paulo nos lembra de que, por intermédio de Cristo, nós temos as armas de que precisamos para combater fortalezas. Paulo diz: "...as armas da nossa milícia não são carnais, e sim poderosas em Deus, para destruir fortalezas" (2 CORÍNTIOS 10:4).

Lembre-se de que Deus está vindo e, na verdade, já está presente. Ele combaterá as tempestades para chegar ao seu homem em desordem; Ele passará por campos de morte sem temer; e olhará a fortaleza bem no olho e dirá: "Saia. Saia dele!". Nós ansiamos pelo dia em que os homens em desordem se levantarão e declararão as grandes coisas que Deus fez.

Superando a desordem

1. Qual parte da história do endemoninhado chama mais a sua atenção?
2. Quais são algumas das fortalezas enfrentadas pelos homens no mundo atual? Você conhece alguém que tem uma fortaleza?

Se estiver discutindo isto em um grupo, compartilhe sem usar nomes (se você se sentir segura em fazê-lo).
3. Tina mencionou a diferença entre alguém que "combate" uma fortaleza e alguém que se "rendeu" à sua fortaleza. Qual é a sua percepção disso?
4. Você acredita que Deus age de uma determinada maneira? Explique. Qual foi a sua experiência da obra de Deus em sua vida? Ela foi consistente ou você se lembra do Senhor agindo de maneiras que jamais esperou? Cite exemplos.
5. Frequentemente, as famílias querem resgatar a pessoa que está combatendo uma fortaleza. O que as famílias podem, ou não, fazer para ajudar?
6. *Mudando-se para um lugar mais saudável:* Leia e fale sobre as "Quatro coisas sobre o que orar que ajudam a destruir fortalezas". O que você poderia acrescentar à lista? De que maneira essas orações ajudam as mulheres que vivem com homens que lutam com fortalezas? Existe um fio condutor ao longo das orações para "Que Deus...". De que maneira essas orações ajudam as mulheres a perceber que não são capazes de consertar o homem em desordem de sua vida — que somente Deus é capaz?

Que o Senhor lhe dê força para enfrentar e suportar
qualquer coisa que possa aparecer em seu caminho.
Que Deus destrua as fortalezas
e desprenda a garra do inimigo —
e que você seja capaz de ver o poderoso
livramento do Senhor.

12

GIDEÃO
Um guerreiro de joelhos fracos

*No amor não existe medo; antes,
o perfeito amor lança fora o medo...*
1 JOÃO 4:18

DAVE ❋ Eu tinha uns 6 ou 7 anos quando senti pela primeira vez a garra do verdadeiro terror. Meu irmão mais velho me levou para ver a enorme pilha de caixas que os alunos do Ensino Médio haviam juntado para a grande fogueira de regresso ao lar — uma tradição da cidadezinha no Wyoming, onde morávamos.

Lembro-me das caixas empilhadas em uma enorme pirâmide que ia em direção ao céu. Para um garoto de pé na base e olhando para cima, a cena me arrebatou. Eu só podia imaginar as caixas quando acesas. Seriam labaredas monumentais!

Foi quando aconteceu — um rugido alto... confusão... caixas voando por toda parte... pânico... dor... lágrimas.

Não me lembro de ter visto o caminhão, nem mesmo de ter sentido o contato dele quando o motorista passou através das caixas e me atingiu, de pé no lado oposto. O veículo atingiu o lado esquerdo do meu corpo e me atirou no ar. A aterragem foi ainda pior. Caí com força sobre meu ombro direito, e uma dor intensa tomou todo o meu corpo.

Meu irmão me ajudou a ficar de pé. Seu instinto foi de me levantar. Com as roupas rasgadas e o rosto sujo, eu segurava o meu braço. Meu ombro gritava de dor ao menor movimento. Nunca descobri quem me atingiu ou por quê; era provável que fosse algum estudante que quis se divertir atravessando as caixas com o carro, sem saber que alguém estava do outro lado.

Meu irmão quis me levar para casa o mais rápido possível. Isso significava atravessar o cemitério a pé, para mim um medo inimaginável além do que já havia acontecido. Felizmente, fui socorrido por minha irmã e seu namorado e logo estava no hospital recebendo tratamento. Sobrevivi com uma clavícula quebrada e um monte de contusões. Entretanto, aquele momento de medo ficou gravado para sempre em meu coração e em minha mente.

Desde então, experimentei pelo menos uma dúzia de diferentes tipos de medo: medo de altura, fracasso, perda, constrangimento, ruína financeira, rejeição e o medo de minhas muitas falhas serem expostas. Eis o que eu sei sobre o medo: ele paralisa! O medo rouba de seu hospedeiro a paz, a confiança e o bom-senso.

Medo paralisante

Gideão sabia algo sobre o medo paralisante. Ele viveu em um tempo no qual o medo era desenfreado em todo o Israel. Todos os anos, os midianitas invadiam Israel, levando colheitas, gado e tudo o mais à vista, devastando a terra e deixando-a vazia. Os israelitas suportaram essas invasões hostis durante sete anos, aprendendo a lidar com essas condições.

> *Fizeram os filhos de Israel o que era mau perante o S<small>ENHOR</small>; por isso, o S<small>ENHOR</small> os entregou nas mãos dos midianitas por*

sete anos. Prevalecendo o domínio dos midianitas sobre Israel, fizeram estes para si, por causa dos midianitas, as covas que estão nos montes, e as cavernas, e as fortificações. Porque, cada vez que Israel semeava, os midianitas e os amalequitas, como também os povos do Oriente, subiam contra ele. E contra ele se acampavam, destruindo os produtos da terra até à vizinhança de Gaza, e não deixavam em Israel sustento algum, nem ovelhas, nem bois, nem jumentos. Pois subiam com os seus gados e tendas e vinham como gafanhotos, em tanta multidão, que não se podiam contar, nem a eles nem aos seus camelos; e entravam na terra para a destruir. Assim, Israel ficou muito debilitado com a presença dos midianitas; então, os filhos de Israel clamavam ao SENHOR.
(JUÍZES 6:1-6)

Agora vemos por que Gideão temia. Ele havia testemunhado, em primeira mão e repetidamente, vastas hordas inimigas dilacerando sua terra e destruindo suas colheitas. Porém, Deus tem um modo de agir em tudo, até mesmo no coração temeroso de um homem.

Homem valente

"Então, veio o Anjo do SENHOR, e assentou-se debaixo do carvalho que está em Ofra, que pertencia a Joás, abiezrita; e Gideão, seu filho, estava malhando o trigo no lagar, para o pôr a salvo dos midianitas" (JUÍZES 6:11). Observe que o nosso homem em desordem está malhando trigo numa prensa de uvas por medo de ser descoberto e roubarem a sua colheita.

Provavelmente, uma atitude sábia, mas certamente motivada pelo medo. Amo o que ocorre a seguir. "Então, o Anjo do SENHOR lhe apareceu e lhe disse: O SENHOR é contigo, homem valente" (v.12). Eis aqui um homem malhando seu grão em uma prensa de vinho, escondendo-se por medo de ser descoberto, e Deus o chama de "homem valente", tudo que ele não aparenta ser. Deus é assim, você sabe! Ele olha além do óbvio para ver o potencial bruto.

O anjo não está mentindo quando chama Gideão de guerreiro poderoso. Ele está simplesmente falando a verdade de quem Gideão se tornará. Apenas virando a página, chego a Juízes 7 e encontro Gideão liderando um pequeno bando de 300 agricultores para derrotar os midianitas e os amalequitas, que "...cobriam o vale como gafanhotos em multidão; e eram os seus camelos em multidão inumerável como a areia que há na praia do mar" (v.12). Por intermédio do anjo, Deus decide dirigir-se ao corajoso Gideão do capítulo 7 em vez do temeroso Gideão do capítulo 6. Para Deus, uma página não é grande coisa! O Gideão do capítulo 6 logo se tornará o Gideão do capítulo 7, e é este o Gideão a quem o anjo de Deus fala.

Todos os homens lutam com medo em diferentes momentos de sua vida. Porém, queremos ser percebidos como fortes, confiantes e corajosos; por isso, raramente falamos sobre os nossos medos. De fato, muitas vezes não os reconhecemos a menos que sejamos forçados. Nós assobiamos ao atravessar o cemitério, fingindo coragem, enquanto nossos joelhos tremem.

Deixe-me dizer o que me encoraja quando estou com medo. Gosto que Tina se dirija a mim como ao Gideão do capítulo 7. Posso ainda não ter chegado lá, mas é útil ser lembrado de que estou apenas a uma página de distância de tornar-me um "homem valente". Por vezes, eu permito que o medo me paralise, pois esqueço quem eu sou, de onde venho e de quem estou destinado a me tornar. Vivo o capítulo 6 em vez de virar a página. Às vezes, preciso de alguém para virar a página para mim — assim como o anjo fez para Gideão.

Quando você ministra coragem ao homem em desordem de sua vida, você está virando a página dele. Ele pode sentir vontade de correr e se encolher em um canto escuro, mas quando você lhe diz "Você não está sozinho. Você consegue fazer isso! Você é um guerreiro forte e poderoso! Deus o equipou!", algo acontece: esse homem em desordem sai das trevas quando luz é derramada sobre o potencial dele.

Gideão não se transformou facilmente em um guerreiro valente. Foi um processo. Deus o levou através de uma série de experiências que o fortaleceram e o amadureceram.

No início do capítulo 7, Gideão vê seu grande exército reduzido a míseros 300 homens após uma série de testes orientados por Deus. Deus diz a Gideão que seu exército é grande demais. Numa tentativa de reduzi-lo, Gideão diz: "...Quem for tímido e medroso, volte e retire-se da região montanhosa de Gileade. Então, voltaram do povo vinte e dois mil, e dez mil ficaram" (JUÍZES 7:3). Gideão jamais foi o único; vinte e dois mil outros homens também temeram. Então, Deus ordena a Gideão que realize outro teste, o qual elimina o restante do exército, exceto os 300 que Deus pretendia usar.

Porém, Deus não apenas reduz o exército. Ele reage ao medo de Gideão permitindo-lhe ouvir uma conversa sobre um sonho que um dos guerreiros midianitas tivera. Encorajado pelo sonho e sua interpretação, "[Gideão] adorou; e tornou ao arraial de Israel e disse: Levantai-vos, porque o Senhor entregou o arraial dos midianitas nas vossas mãos" (v.15).

Por vezes, leva um pouco de tempo para a realidade da proclamação de Deus adentrar ao coração de um homem. No fim, Gideão precisava ouvir sobre o sonho. Ele precisava de mais uma garantia divina para confiar plenamente em seu futuro. Talvez o seu homem em desordem possa se beneficiar ouvindo o seu sonho quanto ao futuro. Quem sabe, ele precise ouvir, pela sua perspectiva, que a vida não será para sempre o capítulo 6. Mesmo agora, a página está virando!

O que os homens temem

TINA ✳ Sim, Gideão temia. Ele temia ou receava muitas coisas:

- os midianitas (JUÍZES 6:11)
- a Palavra de Deus (v.13)
- sua própria força (v.15)
- a verdade de Deus (v.17)
- Deus abandoná-lo novamente (v.18)
- a presença de Deus (vv.22,23)
- sua própria família (v.27)
- aventurar-se sozinho no acampamento midianita (7:9-11)

Não tenho certeza quanto ao que faz um homem ser temeroso, mas sei que, quando um homem teme, a mulher de sua vida tem uma boa chance de também temer. Embora possamos acrescentar outras coisas à lista a seguir, eis aqui seis coisas que os homens geralmente temem.

Autoridade
Davi temeu Aquis, rei de Gade, e agiu como louco diante dele, fingindo ser insano (1 SAMUEL 21:10-13). Daniel conta como o povo temia a posição de autoridade de Nabucodonosor (DANIEL 5:19). Gideão temeu não somente os midianitas, que tinham o poder de destruir sua terra, colheitas, animais e meios gerais de sobrevivência, mas temeu também os homens de sua família e cidade.

Embora os tempos estejam mudando, na maioria das vezes os homens ainda são os provedores de seus lares e temem circunstâncias que possam minar esse papel. Eles podem temer perder empregos. Ou podem temer mudanças em seu trabalho ou local de trabalho, ou trabalhar sob a autoridade de chefes que menosprezam, arruínam e intimidam. Os homens temem outros homens (e mulheres) que têm autoridade para mudar suas vidas e controlá-los de alguma maneira — pessoas com a capacidade de promovê-los ou rebaixá-los.

Desrespeito

Quando a rainha Vasti recusou o pedido do rei de vir e exibir-se diante dos convidados bêbados dele, os sábios pensaram que as outras mulheres desrespeitariam seus maridos da mesma maneira; por isso, recomendaram que ela fosse destituída da posição de rainha (ESTER 1:16-20).

Em seu livro *Amor e respeito* (Ed. Mundo Cristão, 2008), Emerson Eggerichs diz: "O medo masculino do desprezo é dramatizado no primeiro capítulo de Ester [...] de que as esposas começassem a desprezar e desafiar os maridos".[1]

Os homens querem se sentir respeitados; até mesmo o Senhor falou sobre ser respeitado em Malaquias 1:6,7. Ser respeitado é uma parte importantíssima da vida de um homem. A Bíblia reconhece isso ao nos dizer que, assim como os homens devem amar as suas esposas, as esposas devem respeitar os seus maridos (EFÉSIOS 5:33).

Sentir-se insignificante ou inferior

Quando Jesus virou as mesas dos cambistas no Templo, os principais sacerdotes e escribas sentiram que Ele usurpava a autoridade e as tradições deles. Eles ficaram com medo dele por causa dos Seus ensinamentos e da maneira como o povo reagia a Ele. Temeram que o povo pudesse parar de seguir as orientações deles e voltar-se para Jesus e Seus ensinamentos. Movidos pelo medo, eles conspiraram para se livrar de Jesus (MARCOS 11:15-18).

Os homens não querem parecer tolos ou menos capazes. Eles não querem se sentir ou parecer inferiores, como se não fossem tão inteligentes ou sábios quanto o homem ao lado. Os homens são concorrentes naturais e, por esse motivo, muitos lutam com sentimentos de insignificância.

Fracasso
Dos doze espias que Moisés enviou para explorar a Terra Prometida, dez voltaram com medo da tarefa que viria. Alguns israelitas até quiseram desistir (NÚMEROS 13-14).

Gideão também temeu o fracasso. "E ele lhe disse [a Deus]: Ai, Senhor meu! Com que livrarei Israel? Eis que a minha família é a mais pobre em Manassés, e eu, o menor na casa de meu pai" (JUÍZES 6:15).

A maioria dos homens se esforça por sucesso, realizações e conquistas. Eles querem sentir que a vida deles importa e que eles agregam valor à sua família, bem como à sua comunidade, igreja e o mundo. Fracasso em tais áreas é algo que os homens temem.

Enfermidade e morte
Após receber a notícia de que iria morrer devido a uma enfermidade, Ezequias prostrou-se diante do Senhor e chorou (2 REIS 20:1-3). Sua história está longe de ser única. Os homens temem que uma doença ou enfermidade os impeça de viver o restante de seus dias e de serem capazes de sustentar as suas famílias.

Mulheres
Os homens também temem as mulheres — o que dizer a elas e qual será o resultado de serem transparentes. Os homens temem as reações das mulheres. Ser aberto e honesto com uma mulher colocará um homem em apuros?

Vemos isso em nossas famílias, em nossa cultura e até mesmo na TV. Uma maneira de eu relaxar é me envolver com um filme. Certa noite, enquanto meu marido trabalhava em um projeto na sala ao lado, eu me aninhei em um cobertor quente numa poltrona aconchegante e mergulhei em um filme romântico de um canal de TV a cabo. Você sabe — o tipo que transborda água com açúcar e beira a sentimentalidade. Não me importei; eu estava lá! Apagando todo o restante... adentrei a história.

Eis o cerne do filme: o medo de um homem de que uma mulher descobrisse quem ele realmente era. Ele escondia seu nome real de autor renomado e, em vez dele, usava um nome fictício. Seu contrato dizia que, em algum momento, ele precisaria revelar seu verdadeiro caráter e nome de autor célebre. (Vejo cabeças balançando e ouço vozes: "Eu vi esse filme!")

O filme chegou ao clímax. O autor se apaixonou pela jovem repórter que estava escrevendo a história, que não tinha ideia de que o homem cujo amor ela correspondia era o escritor famoso. Por algum motivo, ele não conseguiu contar a ela que era o autor sobre o qual ela estava fazendo a reportagem. Chegou o dia da revelação. Os dois estavam prestes a se encontrar frente a frente. A repórter descobriria quem o autor realmente era se ele não fizesse alguma coisa rapidamente. A tensão agitava os nervos. De repente, ouvi: "Por que ele não pode simplesmente contar a ela quem ele é antes da revelação?".

Chocada, pressionei o botão de pausa e me virei para encontrar meu marido gritando da outra sala. Ele ouviu a televisão e também se viu envolvido no filme.

Eu ri. Normalmente, meu marido não seria pego assistindo a um filme água-com-açúcar (sem ofensa para os homens que o fazem). "Querido", disse eu, "você precisa de um sério tempo de homem". O homem em desordem de minha vida agora diz temer filmes água-com-açúcar.

Com toda a seriedade e além dos filmes, os homens temem tanto quanto as mulheres; talvez, às vezes, ainda mais. Eis a pergunta: Como as mulheres podem ajudar homens medrosos? Talvez o perfeito amor tenha algo a ver com ajudar a dissolver o medo.

O Perfeito Amor

Gideão parece ter sido amado — e bem-amado. Segundo a Escritura, ele teve muitas esposas e uma concubina, que ao todo lhe deram 71 filhos e sabe-se lá quantas filhas (JUÍZES 8:29-32)! Havia muito amor acontecendo naquela casa.

As Escrituras não nos dizem nada sobre essas mulheres de sua vida. Todavia, podemos imaginar crianças saltando por toda parte e uma casa cheia de tagarelice feminina? Agitada — sua casa parecia agitada.

Tenho 10 irmãos e cresci em uma casa agitada. Meu irmão mais novo domina todos agora, mas, em certo ponto de sua vida, todos nós andávamos atrás dele, cuidávamos dele como bebê e cedíamos quando ele queria algo. Alguns de nós o chamávamos mimado; talvez ainda o façamos. Ele é um bom sujeito, mas ainda é o "bebê" da família. Gideão também era — o bebê, o mais novo, e pensava ser também o mais fraco (JUÍZES 6:15).

O apóstolo João afirma: "No amor não existe medo; antes, o perfeito amor lança fora o medo..." (1 JOÃO 4:18). Sento-me e pondero a pergunta: O que é o perfeito amor? Eu o contemplei hoje enquanto assistia à televisão. Em certo ponto de um comercial de cereal, um menininho acordou e viu seu pai saindo para trabalhar no turno da noite. O pai perguntou ao filho por que ele estava acordado tão tarde e o menino respondeu: "Eu só queria tomar o café da manhã com você". No fim do comercial, a palavra *Amor* apareceu na tela, como se dissesse: "Isso, sim, é amor".[2] Para um pai, isso poderia ser considerado *perfeito amor*.

É amor perfeito a mulher que derramou seu caro perfume nos pés de Jesus? O menino que compartilhou sua refeição para alimentar as 5.000 pessoas? A mulher de Jope que cuidava das viúvas? Vemos o perfeito amor nos heróis da Bíblia que livraram multidões de cativeiro, batizaram centenas no rio Jordão e sofreram espancamentos e prisão apenas para compartilhar o evangelho? É perfeito amor quem doa seu rim a um membro da família, doa sua medula óssea a um estranho ou caminha milhas para trabalhar para que os filhos tenham o que comer?

Enquanto crianças, nunca tivemos muito ao crescer e sempre desejávamos de alguma maneira dar à mamãe um presente de Dia das Mães. Ela é uma pessoa que nunca diz ter se sentido enganada na vida, mas foi. Contudo, de algum modo em nosso confuso mundo, ela encontrou maneiras de sorrir, abraçar e amar. Certo ano, meus irmãos mais novos e eu decidimos fazer algo para dar a ela no Dia das Mães. Procuramos flores no campo e um vaso bonito, mas não encontramos nada daquilo. Por isso, colhemos as ervas daninhas mais bonitas que conseguimos encontrar e as pusemos num pote de conserva cheio de água. Ficamos agachados em nosso quarto e sussurrávamos: "Passe a cola", "Eu preciso da tesoura". Quando tudo acabou, criamos uma linda flor feita de papel-cartão colorido. Sim, nós éramos pequenos Leonardos da Vinci e nossa escrita era do nível da de Emily Dickinson. Mamãe iria amar aquilo!

Quatro crianças com os pés descalços e rostos sujos pararam diante de uma mãe desgastada e empurraram um frasco cheio de ervas daninhas diante do seu rosto. "Feliz Dia das Mães!", berramos. Ela não recuou diante do que segurou — só sorriu. Sim, seu rosto se iluminou, seus lábios formaram um sorriso e seus olhos cintilaram ao ler:

As ervas daninhas podem tomar o lugar das flores,
Um frasco pode tomar o lugar de um vaso,
Mas nada pode tomar o seu lugar, Mamãe. Nós te amamos!
Feliz Dia das Mães!

O perfeito amor lançou fora todo o medo. Nós amávamos porque mamãe nos amou primeiro. Nossa vida era cheia de medo, nunca sabendo se teríamos um lugar para dormir naquela noite ou comida na mesa. E, sim, nós nos cansamos de dormir no chão, no carro e em áreas de camping. Nós não tínhamos os brinquedos com que as outras crianças brincavam, nem conhecemos o prazer de comprar vestidos novos em uma loja até a nossa adolescência. Enquanto estávamos na estrada, usar um galão de água para escovar os dentes ou tomar banho era apenas uma parte da vida. Porém, uma coisa que parecíamos compreender é que éramos amados. Embora nosso pai às vezes instilasse medo, nossa mãe usava o amor para espantar o medo.

O amor de mãe nos abraçava quando estávamos em lugares escuros e assustadores, lavava nossa testa quando febres encharcavam nosso corpo, cerzia buracos em meias quando os dedos frios as atravessavam e fazia bonecas com sucata para as menininhas brincarem. O amor de mãe batia sujeira e insetos para fora de colchões manchados e amassados encontrados em casas abandonadas para que seus filhos pudessem ter camas macias. Ele colocava colchões de palha em pisos frios e duros, fazia massa de pão e cozinhava em um fogão improvisado numa pequena fogueira. Sim, o perfeito amor lançava fora o nosso medo.

Mais tarde na vida, quando meus irmãos voltavam a casa para uma visita, uma coisa ressoava em meio à agitação — amor. Ao longo de todos os nossos momentos de angústia e medo, no final, ainda amávamos uns aos outros. Era perfeito amor? Alguns diriam que não — mas, o que é o perfeito amor?

O perfeito amor

Ama quando não sentimos vontade de amar
Ama sem punição
Ama além da nossa capacidade
Ama lançar fora o medo
Ama plenamente

O amor de Deus é perfeito. O amor de Deus é aperfeiçoado em nós. Sem o amor de Deus, somos incapazes de amar, muito menos com perfeição. Eu não amo como deveria. O amor paga um preço. O amor é caro. Eu posso ir à igreja, dar tapinhas nas costas de alguém, colocar uma oferta no gazofilácio e ficar satisfeita, mas amar fora da igreja é outra história. Amar quando isso me custa algo é muito mais difícil. Quando eu tenho de deixar de lado o meu trabalho para ajudar outra pessoa, isso custa. Se vasculho a minha despensa e doo as coisas que eu amo comer, em vez das coisas de que eu não gosto, isso custa. Quando encontro tempo para sentar e ouvir os problemas de outra pessoa, isso custa. De repente, o foco não está mais no meu dia, mas em ajudar outra pessoa. O perfeito amor é sem preconceito e maduro; é amar quando não sentimos vontade de amar. É algo a que nenhum de nós alcançou, mas é uma meta que devemos nos empenhar em atingir.

A Escritura diz que o amor perfeito lança fora o medo. Que tipo de amor faz isso? A Escritura se refere a ele, em grego, como amor *ágape*: um amor ofertado sacrificialmente. Não se trata de um sentimento ou de uma emoção, mas de uma atitude. O único modo de sermos capazes de amar dessa maneira é por meio do Espírito Santo, por meio de Deus. Deus é amor e, quando permanecemos nele, encontramos a capacidade de amar.

Frequentemente, associamos o amor às nossas emoções, mas esse tipo de amor fala sobre agir. Ágape não é o tipo de amor sentimental que você tem por seus filhos, marido ou amigo. É amor sacrificial.

A palavra grega para *perfeito* é *teleios*, que significa "levado até o seu fim, acabado".[3] Então, o amor perfeito é o tipo de amor que cuida de algo até o fim. Ele vê potencial, vê promessa e vê perfeição. Um telescópio vê além da visão natural. Um telefone ouve além da audição normal. Um telégrafo permite que você se comunique além das distâncias convencionais. "Teleamor" é o perfeito amor que ama além das restrições normais.

Leiamos o restante de 1 João 4:18: "No amor não existe medo; antes, o perfeito amor lança fora o medo. Ora, o medo produz tormento; logo, aquele que teme não é aperfeiçoado no amor."

Uau — João está dizendo que, quando amamos, não deve haver medo porque o medo e o perfeito amor não se misturam? Como água e óleo? Não podemos amar perfeitamente se temos medo. E, quando amamos com perfeição, o medo é dissolvido.

Imagine-se em um palco grande e escuro, com coisas assustadoras se escondendo no cenário. Seu coração dispara e seus joelhos vacilam. Então, lentamente, um holofote se move sobre você, envolvendo-a, expulsando a escuridão, lançando fora o medo. Você sente o calor como um facho quente. A luz é o amor. Você a sente — a vê — e quer ficar perto dela. Se alguém afastasse o holofote depois de você experimentá-lo, isso seria cruel e insensível, não seria?

João nos diz para amarmos sem medo.

Resumindo: Não podemos amar perfeitamente e ainda ter medo. Sim, nós podemos amar algo ou alguém e sentir medo, mas, se amarmos perfeitamente (plenamente, até o fim), o medo nos deixa.

Edificando guerreiros valentes

Dave escreveu anteriormente e vale a pena repetir: "Gideão não se transformou facilmente em um guerreiro valente. Foi um processo. Deus o levou através de uma série de experiências que o fortaleceram e o amadureceram".

Deus escolheu se manifestar a Gideão repetidas vezes por entender que ele vivia com medo. Deus queria transformar Gideão, um homem medroso, em um soldado forte.

Primeiro passo: Revelação

O primeiro passo de Deus para transformar Gideão em um grande guerreiro foi se revelar. Um anjo visitou Gideão e disse: "...O Senhor é contigo, homem valente". A resposta de Gideão foi: "...Ai, senhor meu! Se o SENHOR é conosco, por que nos sobreveio tudo isto?". Nós já proferimos essas palavras? Gideão pediu um sinal e levou uma oferta ao Senhor. O anjo do Senhor fez um fogo sobrenatural consumir a oferta, e o próprio anjo desapareceu. Naquele momento, Gideão percebeu que estava na presença de Deus (JUÍZES 6:11-24).

Para que Deus possa transformar homens e mulheres, eles precisam primeiro reconhecer a presença de Deus; reconheça que Ele está presente — em todas as coisas. Não é uma questão de se ou quando, mas o Senhor está se revelando a você. Não permita que as suas circunstâncias obscureçam a sua visão. Paulo em Colossenses afirma: "...nele, foram criadas todas as coisas [...] as visíveis e as invisíveis [...] Ele é antes de todas as coisas. Nele, tudo subsiste" (1:16,17).

Segundo passo: Equipamento
O segundo passo de Deus na edificação do guerreiro envolveu derramar o Seu Espírito Santo: "Então, o Espírito do SENHOR revestiu a Gideão, o qual tocou a rebate", reunindo os israelitas (JUÍZES 6:34). O Espírito Santo nos dá força para fazer qualquer coisa. Ele nos ajuda em nossa fraqueza (ROMANOS 8:26). Gideão foi repentinamente envolvido por coragem, zelo e poder. Após realizar o grande feito de derrubar os falsos ídolos, ele estava agora apto para ajudar a libertar o seu país.

Até mesmo Jesus disse que Ele nada poderia fazer sem a ajuda do Pai (JOÃO 5:19). Gideão se tornou cheio do Espírito — e com o Espírito veio a capacidade de se erguer como um valente guerreiro. Gideão só pôde receber sua mentalidade de guerreiro por estar na presença de Deus. Quando o Espírito do Senhor vem sobre homens em desordem, vemos o medo desvanecer e a coragem aparecer.

Terceiro passo: Afirmação
O terceiro passo de Deus na edificação desse grande guerreiro foi tranquilizar Gideão. Às vezes, para passar do medo à coragem

precisamos de um pouco de afirmação. Pense em pais incentivando garotinhos assustados: "Você está indo muito bem. Você conseguiu!".

Gideão continuou a temer e a precisar de afirmação. Então, propôs a Deus uma pequena prova: ele colocaria um velo de lã na eira. Se o orvalho caísse no velo e o chão permanecesse seco, ele saberia que, de fato, Deus planejava libertar Israel por intermédio da sua liderança. Deus o amou suficientemente para concordar.

Porém, uma vez não foi suficiente; Gideão precisou de mais prova. Desta vez, o velo ficaria seco e o solo, molhado de orvalho. Quantas vezes Deus suportaria essa tolice? Estamos todos dizendo: "Vamos, Gideão! Você tem provas suficientes! Você é capaz de fazer isso!". Deus, porém, não o fez. Ele estava edificando em Gideão confiança e coragem, coisas que um grande guerreiro necessita. Então, novamente Ele honrou o pedido de Gideão (vv.36-40). Depois, Deus deu a Gideão instruções específicas sobre seu exército e Gideão obedeceu.

Para se tornarem guerreiros valentes, os homens às vezes precisam de afirmação de Deus, bem como das mulheres de sua vida.

Quarto Passo: Confiança

Antes de enviar Gideão para a batalha, Deus deu o passo final. "Vá espiar o acampamento midianita à noite", disse Ele a Gideão. Ele poderia levar seu servo consigo se tivesse medo de ir sozinho. Então, Gideão e seu servo desceram ao acampamento e, ali, ouviu um dos midianitas contando a outro sobre um sonho que acabara de ter. Seu amigo interpretou o significado do sonho: Deus daria a Gideão a vitória na batalha.

Quão conveniente foi Gideão ter tropeçado em tão grande e oportuna revelação! Definitivamente, não foi coincidência, não apenas uma expressão do amor de Deus por Gideão, mas também um momento de tranquilizar Gideão e enchê-lo de confiança — uma profunda convicção de que ele teria sucesso. Ele não estava sozinho. No fim, *se tornaria* um grande guerreiro!

O que Deus fez por Gideão, Ele quer fazer pelo homem em desordem de sua vida. Deus conduziu Gideão ao longo de um processo para transformá-lo em um guerreiro valente. Gideão teve de possuir um coração disposto e dar os passos que Deus lhe pediu para dar. Zacarias diz: "Não desprezem esse começo humilde porque os olhos do Senhor se alegram vendo o trabalho começar..." (ZACARIAS 4:10 BV).

Reconheça esses pequenos passos. Reconheça que Deus está se revelando, equipando, afirmando e instilando sua confiança. Uau — coisas que podemos fazer pelos homens de nossa vida.

E quanto a mim?

E quanto às mulheres que estão apoiando e incentivando esses homens em desordem enquanto eles se tornam guerreiros valentes? Que possamos sentir que a obra que Deus faz nesses homens em desordem não tem nada a ver conosco, mas uma pessoa não pode mudar sem que isso impacte outra. Os quatro pequenos passos dados por Gideão são muito parecidos aos seus. O desejo de Deus é transformar não somente os homens em desordem, mas as mulheres que caminham com eles. Minhas queridas irmãs, se quisermos buscar a Deus em todas as coisas, Ele Se revelará a nós — assim como fez a Gideão. Com o olhar fixo nele, Ele equipa. Com muita frequência Ele lança cordas salva-vidas, mas nós não as reconhecemos porque não o vemos. Quando as agarramos, Ele nos afirma: "Sim, você é capaz de fazer isso. Eu estou aqui. Eu o equipei." Nós damos passos de fé crendo, entendendo que Deus está próximo, ajudando ao longo do caminho. Cada passo instila confiança. Nós nos tornamos mulheres fortes.

Vemos o desespero desvanecer e a alegria cintilar. Nosso Ajudador, o Espírito Santo, a quem o Pai enviou, nos fortalece. Ouvimos as palavras do Senhor: "Tudo ficará bem". "Como alguém a quem sua mãe consola, assim eu vos consolarei..." (ISAÍAS 66:13). A paz se estabelece. Tudo está bem.

Quarenta anos de paz

Após Gideão obedecer a Deus, lutar como um guerreiro valente e subjugar os midianitas, os israelitas viveram sem perturbações durante 40 anos. A paz se alastrou por todo o país. As pessoas saíram de suas casas e de seus buracos, cavernas e fendas. Com a ajuda de Deus, elas andavam livremente e cultivavam a terra sem medo.

Minha mãe e meu pai foram casados durante 52 anos antes de Deus levar meu pai para o lar eterno. Assisti a uma mãe e esposa suportar grandes perdas e espantoso sofrimento e ainda continuar a amar um homem realmente em desordem até o dia em que ele morreu. Ela demonstrou o amor *ágape* mais vezes do que eu fui capaz de contar. E, no fim, esse amor triunfou. Podemos não ter tido 40 anos de paz em nossa casa, mas posso dizer-lhe que realmente tivemos paz.

Como Dave comentou, talvez o homem em desordem de sua vida precise ouvir o seu sonho sobre o futuro. Minha mãe teve um sonho de que Deus transformaria meu pai e Ele o fez. Minha mãe continuou virando as páginas para a história de papai. Vez após outra a ouvi dizer: "Estou orando. Deus o transformará".

Mas, e se meu pai não tivesse permitido que Deus transformasse a sua vida? Isso teria desestabilizado o amor de minha mãe por ele? Imagino que minha mãe teria feito exatamente o que fez — amado meu pai até o fim.

Ela nem sempre o via como um garotinho assustado que cometia erros terríveis tentando cuidar de si mesmo e de sua família. De algum modo, ela via o que os outros não conseguiam ver. Que também nós viremos as páginas da história do homem em desordem e venhamos a vê-lo como Deus o vê, e como minha mãe via meu pai — como um guerreiro valente.

Superando a desordem

1. O que se destacou para você neste capítulo em relação ao medo? Qual é o seu maior medo?
2. Pense no contexto de Gideão e nas circunstâncias dele. O que contribuía para que ele tivesse medo? Quão difícil você supõe ter sido para Gideão cumprir as atribuições dadas por Deus?
3. Há algo que você possa acrescentar à lista de coisas que os homens temem? Compare essa lista com o que as mulheres temem. Se você se sentir segura para compartilhar: De que você tem medo quanto aos homens em desordem de sua vida?
4. Leia Isaías 41:10. O que esse texto significa para você? Como ele pode trazer conforto a mulheres que temem algo no homem em desordem? Leia Hebreus 12:12,13. O que a passagem lhe diz para fazer? Como as mulheres podem aplicar essa passagem à sua vida ao caminhar com um homem em desordem?
5. Quão difícil é dar amor *ágape*? Em que áreas você luta com amar o homem em desordem de sua vida?
6. *Mudando-se para um lugar mais saudável:* Se você tivesse um sonho para o homem em desordem de sua vida, qual seria? Esta semana, faça um esforço para dedicar tempo a fim de orar sobre isso.

Que Deus lhe dê o poder de amar incondicionalmente,
sem medo e até o fim.

Conclusão

TINA ❋ Você encontrou o homem em desordem de sua vida nos capítulos deste livro? Ele é um Saul? Talvez você possa dizer que ele é semelhante a Pedro, Sansão ou Elias. E talvez ele seja todos esses homens em algum determinado dia.

Você percebeu um traço comum em seus capítulos? Todos os homens erram e nenhum deles é perfeito — nem mesmo os homens que andaram com Jesus. Contudo, muitos dos homens de quem falamos se tornaram grandes heróis da Bíblia e aprenderam lições incríveis. Moisés fez algo que ele jamais pensou que seria capaz de fazer: ajudar Deus a libertar uma multidão mantida em cativeiro por mais de 400 anos. Davi aprendeu a orar, a se arrepender e a clamar a Deus. Salomão construiu o Templo do Senhor e se tornou o rei mais sábio das Escrituras. Elias atingiu uma compreensão maior de Deus e de si mesmo. Jó encontrou mais força do que imaginava. Nabucodonosor aprendeu humildade. Gideão aprendeu a depender de Deus, a derrotar um grande exército e a encontrar coragem. Pedro cresceu em constância, realizando milagres, pregando o evangelho e suportando grandes dificuldades no processo. E o endemoninhado encontrou liberdade.

Quando eu era uma menininha, a única coisa que eu queria era que o meu pai em desordem se endireitasse para encontrar liberdade. Eu não conseguia ver que meu pai não tinha ideia de como transformar a vida dele. Quando olho para trás, não tenho dúvida de que ele contemplava como passar por uma transformação. Lá no fundo, ele era um homem maravilhoso e carinhoso que amava a sua família. Porém, fortalezas dominavam a sua vida, o pecado o mantinha acorrentado e o vício limitava sua disposição e seu desejo de mudar. Eu perdi a esperança mais vezes do que conseguiria contar.

Talvez você tenha desistido — perdido a esperança. Você afastou seu olhar e seu coração dos homens em desordem de sua vida. Você pronunciou as palavras: "Ele nunca mudará!". Mas, irmã, deixe-me lembrá-la de que Deus é muito maior do que suas emoções, seus pensamentos ou suas perspectivas sobre o futuro.

Somente quando caiu de joelhos e disse: "Eu não posso mais fazer isso", é que meu pai encontrou a coragem para mudar. Que homem glorioso havia debaixo de sua dura carapaça! Entregue as suas dores a Deus e deixe que Ele aja a fim de colocar o homem em desordem de joelhos.

Enquanto escrevo, a canção *Be Thou My Vision* (Sê Tu a minha visão) está tocando em meu escritório, permeando a minha alma com uma aprazível sensação.

Sê tu a minha visão, ó Senhor do meu coração;
Nada mais seja para mim além do que tu és.
Tu, meu melhor pensamento, de dia ou de noite,
Acordando ou dormindo, Tua presença é minha luz.

Sê tu a minha sabedoria e a minha verdadeira palavra;
Eu sempre contigo e tu comigo, Senhor;
Tu, meu grande Pai, eu, Teu verdadeiro filho;
Tu em mim habitando e eu sendo um contigo.

Sê tu o meu escudo de batalha, espada para a luta;
Sê tu a minha dignidade, tu, o meu prazer;
Tu, o abrigo de minha alma, tu, a minha torre alta:
Levanta-me para o céu, ó poder do meu poder.

Grande Rei do Céu, minha vitória conquistada,

Que eu alcance as alegrias do Céu, ó sol brilhante do Céu!
Coração do meu próprio coração, aconteça o que acontecer,
Sê ainda a minha visão, ó Governante de tudo.
(Tradução livre)

Há muitas perguntas e buscas da alma ao longo dessa canção. Eis a questão: O que você pediu a Deus? Sabedoria, verdade, força, abrigo, coragem? O que você pediu para o Governante de tudo fazer em sua vida? Trazer conforto, paz, alegria, prazer? E na vida do seu homem em desordem? Curar, restaurar, perdoar, libertar, transformar?

Sei que quando os tempos ficam difíceis com o homem em desordem, o caminho mais fácil é colocá-lo de lado — esquecê-lo. Ele fez a própria cama; que se deite nela. Mas eu posso encorajá-la a manter Deus como a sua visão. Quando desviamos a nossa visão de Deus, não vemos o que Ele vê; vemos somente o que Satanás ou o mundo nos lança. Porém, tendo Deus como nossa visão, nós permanecemos no curso. Assim, chegamos a ver o bem em homens em desordem, em vez de dar ouvido ao que as outras pessoas e nossas próprias experiências dolorosas têm a dizer sobre eles. Sendo Deus a nossa visão, prosseguimos para o prêmio. Lembre-se de que não se trata de transformar homens em desordem, mas de caminhar com eles e chegar a vê-los como Deus os vê.

Você poderá nunca ver o homem em desordem de sua vida mudar, mas, ao longo da caminhada, descobrirá que a sua própria vida se transforma. E quem sabe? Talvez o homem em desordem olhe para a sua vida e tome posse daquelas preciosas pepitas que o levam a fazer no próprio coração uma mudança transformadora da vida — tudo devido ao seu exemplo.

Se Deus for a sua visão, você, minha amiga, chegará a uma maior compreensão do que significa correr a carreira e corrê-la bem. No fim, Deus dirá: "Muito bem, serva boa e fiel".

DAVE ※ Nos primeiros tempos, quando este livro ainda era uma ideia indefinida, fiz uma enquete informal com alguns dos meus amigos, perguntando-lhes o que pensavam sobre as questões mais urgentes enfrentadas por homens. Fiz uma lista das principais respostas, e Tina e eu começamos a procurar na Bíblia homens que tinham as mesmas falhas. Alguns desses exemplos foram mais fáceis de encontrar do que outros. O processo de descobrir e escrever sobre esses homens em desordem encontrados na Bíblia me levou a uma conclusão precoce: posso me ver em cada um deles.

Inicialmente, pretendia escrever este livro para os homens, para lhes dar esperança, fornecer instrução e compartilhar a cura que só Deus pode proporcionar. Nós já havíamos escrito dois capítulos quando alguém sugeriu que o livro precisava ser escrito para as mulheres. Relutantemente, vim a concordar, e Tina e eu mudamos o nosso foco para "ver o seu marido através dos olhos de Deus". Meu desafio se tornou escrever um livro sobre homens dirigido a mulheres. Tenho muito a dizer aos homens; eu só não tinha certeza de ter muito a dizer às senhoras.

O que tentei fazer com minhas palavras foi ajudá-la a entender o seu marido em desordem interior. Quero que você entenda que os problemas dele, por mais disfuncionais que sejam, são comuns, pelo menos até certo ponto, a todos os homens. Espero que você veja que os homens que Deus usou ao longo das páginas das Escrituras também estavam em desordem interior de diversas maneiras.

Ao longo do processo de escrita, Tina me dizia constantemente que eu deveria apenas colocar no papel o que eu diria a você se você estivesse sentado em meu escritório contando a respeito do seu homem em desordem. Ao longo dos anos, tive muitas dessas conversas a respeito de maridos, filhos, pais, irmãos, colegas de trabalho, namorados etc.

Eis o que eu sempre digo a todas.

Você não está sozinha. Você não é a primeira a lidar com isso e não será a última. A razão pela qual Tina e eu estamos destacando os problemas desses personagens bíblicos é ajudá-la a reconhecer que Deus tem chamado homens em desordem e agido por intermédio deles desde o início do mundo.

Você é incapaz de corrigir o problema. Tudo em você pode vociferar que você precisa, de alguma maneira, controlar o seu marido e as suas circunstâncias. Porém, o controle não funcionará. Esse homem atuará nos problemas dele quando a dor de permanecer o mesmo for maior do que a dor de mudar. Isso não significa que você nada deve fazer, e sim que você não tenta controlar a tempestade.

Aprendi os "Doze Passos" em primeira mão no *Celebrando Restauração*. Apliquemos ao seu marido em desordem um breve resumo dos três primeiros passos.

Primeiro Passo: Você é incapaz de controlar o seu marido ou o comportamento dele.

Segundo Passo: Somente Deus tem o poder de transformar o seu marido e o comportamento dele.

Terceiro Passo: Tome uma decisão contínua de entregar o seu marido aos cuidados de Deus.

Com esses três passos em mente, permita-me oferecer algumas diretrizes práticas para a sua caminhada.

Estabeleça limites adequados para manter-se segura e saudável. Não hesite em procurar orientação de seu pastor, um conselheiro ou um mentor de confiança. Poderá ser útil buscar orientação de um profissional a quem você possa recorrer com as suas questões. Se você sentir que está em perigo, por favor procure ajuda imediatamente.

Não desperdice a dor. Permita que essa situação seja uma oportunidade de trabalhar os seus próprios problemas. Recomendo que você encontre um programa semelhante ao *Celebrando Restauração* em uma igreja perto de você. O *Celebrando Restauração* é um programa de recuperação cristocêntrico encontrado em várias igrejas evangélicas espalhadas pelo Brasil.

Encontre uma amiga de confiança com quem você possa compartilhar a sua história honestamente. Meu amigo e conselheiro Tom Pals descreve a diferença entre privacidade e segredo. Ele diz: "Alguém precisa saber tudo, mas nem todos precisam saber tudo". Eu sempre alerto as pessoas a terem muito cuidado com quem elas compartilham sua história. Elas precisam ter um histórico comprovado de ser confiáveis.

Aproxime-se de Deus. Descobri que Deus nunca está tão perto quanto nos momentos em que estou abatido e desesperado. Houve um tempo em que eu acreditava cegamente que Deus só usava pessoas perfeitas. Meus próprios esforços para atingir essa perfeição humana só me deixaram frustrado e desesperado. Ao longo da minha vida, conheci o diverso grupo de homens em desordem e mulheres feridas encontrados na Bíblia, a quem Deus chama de Seus amigos. "Chegai-vos a Deus, e ele se chegará a vós..." (TIAGO 4:8).

Permita-me encerrar com uma oração:

> Pai, abençoa a vida preciosa que está lendo estas palavras neste exato momento. Aproxima-te dela, segura-a e canta Tuas canções de amor a ela. Enxuga as lágrimas dela, restaura a sua alma ferida e fortalece o seu espírito abatido. Tudo que está em seu passado, seu presente e seu futuro está entregue a ti para receber os Teus cuidados. Pedimos a cura para o seu homem em desordem. Que tu assumas o controle da vida dele e promova uma real transformação. Traze fé. Traze esperança. Traze amor. Em nome de Jesus. Amém.

Notas

CAPÍTULO 1. Pedro

1. Charles Colson e Nancy Pearcey, *How Now Shall We Live?* (Carol Stream, IL: Tyndale, 1999), 379.
2. Michaelis, verbete "autêntico", acessado em 03 de outubro de 2017, http://michaelis.uol.com.br/moderno-portugues/busca/portugues-brasileiro/autêntico/
3. Paulo em referência à esposa de Pedro viajando com ele em 1 Coríntios 9:5. Cefas é Pedro.
4. Houaiss, A.; Vilar, M.S. *Dicionário Houaiss*, verbete "reverência", Rio de Janeiro, Objetiva, 2009.

CAPÍTULO 2. Nabucodonosor

1. Citado por Scott Carson, *Who Wants to Be #2?* (sermão), maio de 2000, www.sermoncentral.com/sermons/who-wants-to-be-2-scott-carson-sermon-on-jesus-teachings-35269.asp
2. C. S. Lewis, *Cristianismo puro e simples*, (São Paulo: Martins Fontes, 2005), 124.
3. Ibid., 126.
4. Sarah Young, *Jesus Calling* (Nashville: Thomas Nelson, 2004), 361.
5. Michelle Kugler, psicoterapeuta, e-mail pessoal aos autores, janeiro de 2014.

CAPÍTULO 3. Saul

1. Les Parrott III, *The Control Freak* (Wheaton, IL: Tyndale, 2000), 21-33.
2. Herbert Lockyer, *All the Women of the Bible*, "Ahinoam No. 1" (Grand Rapids: Zondervan, 1988), 29.
3. Bill Johnson, *Strengthen Yourself in the Lord: How to Release the Hidden Power of God in Your Life* (Shippensburg, PA: Destiny Image Publishers, 2007), 67.
4. Debra Evans, *Six Qualities of Women of Character: Life-Changing Examples of Godly Women* (Grand Rapids: Zondervan, 1996), 80.
5. Jennifer Strickland, *Beautiful Lies* (Eugene, OR: Harvest House, 2013), 16.

CAPÍTULO 4. Moisés

1. Neil T. Anderson e Rich Miller, *Getting Anger Under Control: Overcoming Unresolved Resentment, Overwhelming Emotions, and the Lies Behind Anger* (Eugene, OR: Harvest House, 2002), 82.
2. O nome foi mudado.

CAPÍTULO 5. Jó

1. Jerry Bridges, *Trusting God Even When Life Hurts* (Carol Stream, IL: NavPress, 1988).
2. Hebrew Lexicon: Strong's H1288, barak, Blue Letter Bible, acessado em 7 de maio de 2015, www.blueletterbible.org/lang/lexicon/lexicon.cfm?strongs=H1288

3. Francis I. Andersen, *Job*, Tyndale Old Testament Commentaries (Carol Stream, IL: IVP Academic, 2008), 93 (ênfase no original).
4. Bible History Online, *International Standard Bible Encyclopedia*, s.v. "Mephibosheth", acessado em 7 de maio de 2015, www.bible-history.com/isbe/M/MEPHIBOSHETH/
5. Helen Keller, *The World I Live In and Optimism* (Mineola, NY: Dover Publications, 2009), 88.

CAPÍTULO 6. Elias

1. Um programa de recuperação cristocêntrico. Visite seu website: www.celebraterecovery.com/
2. Houaiss, A.; Vilar, M.S. *Dicionário Houaiss*, verbete "entrelaçar", Rio de Janeiro, Objetiva, 2009.
3. John C. Maxwell, *Talento não é tudo: Descubra os 13 princípios para você superar seus talentos e minimizar suas habilidades*, (São Paulo: Thomas Nelson Brasil, 2007), 24.
4. Houaiss, A.; Vilar, M.S. *Dicionário Houaiss*, verbete "compreender", Rio de Janeiro, Objetiva, 2009.

CAPÍTULO 7. Salomão

1. Marlena Graves, "'He's Just Not a Spiritual Leader,' and Other Christian Dating Myths", 19 de novembro de 2012, www.christianitytoday.com/women/2012/november/hes-just-not-spiritual-leader-and-other-christian-dating.html?paging=off
2. Houaiss, A.; Vilar, M.S. *Dicionário Houaiss*, verbete "espiritual", Rio de Janeiro, Objetiva, 2009.

3. Patricia A. Halbert, ed., *I Wish I Knew That: U.S. Presidents: Cool Stuff You Need to Know*, pelos editores de Reader's Digest (New York: The Reader's Digest Assoc., 2012), n.p.
4. The 700 Club, "Dr. Henry Cloud: Leading with Boundaries", Guest Bio, acessado em 7 de maio de 2015, www.cbn.com/700club/guests/bios/Henry_Cloud_051313.aspx

CAPÍTULO 8. Davi

1. Michelle Kugler, em e-mail ao autor, 15 de fevereiro de 2015.
2. Ibid.
3. Houaiss, A.; Vilar, M.S. *Dicionário Houaiss*, verbete "encorajar", Rio de Janeiro, Objetiva, 2009.
4. Geoff Gorsuch, *Brothers!: Calling Men into Vital Relationships*, (Colorado Springs: Navpress, 1994), 14.
5. Gary Smalley e John Trent, *The Blessing: Giving the Gift of Unconditional Love and Acceptance*, (New York: Simon & Schuster, 1986).

CAPÍTULO 9. Judas

1. Houaiss, A.; Vilar, M.S. *Dicionário Houaiss*, verbete "responsável", Rio de Janeiro, Objetiva, 2009.
2. Beth Moore, *So Long, Insecurity: You've Been a Bad Friend to Us* (Carol Stream, IL: Tyndale), 7.
3. Robert South, "I Have Called You Friends", in *The Book of Jesus*, ed. Calvin Miller (New York: Simon & Schuster, 1996), 180.

CAPÍTULO 10. Sansão

1. Fred e Brenda Stoeker, *Every Heart Restored: A Wife's Guide to Healing in the Wake of a Husband's Sexual Sin*, (Colorado Springs: WaterBrook, 2010), 49.
2. Ibid., 52.
3. Usado sob permissão. Mark R. Laaser, The Secret Sin: Healing the Wounds of Sexual Addiction [O pecado secreto: Curando as feridas do vício sexual (Ed. Esperança, 2013], Lifelines for Recovery Series (Grand Rapids: Zondervan, 1992), extraído de www.addiction-help.org/?page_id=27
4. PR Newswire, "Is the Internet Bad for Your Marriage? Online Affairs, Pornographic Sites Playing Greater Role in Divorces", 14 de novembro de 2002, www.prnewswire.com/news-releases/is-the-internet-bad-for-your-marriage-online-affairs-pornographic-sites-playing-greater-role-in-divorces-76826727.html

CAPÍTULO 11. O Endemoninhado

1. J. R. R. Tolkien, *O hobbit — Lá e de volta outra vez* (São Paulo: Martins Fontes, 2009), 115.
2. Beth Moore, *Praying God's Word: Breaking Free from Spiritual Strongholds*, (Nashville: B & H, 2009), 128.

CAPÍTULO 12. Gideão

1. Emerson Eggerichs, *Amor e respeito: O que ela mais deseja, o que ele mais precisa*, (São Paulo: Mundo Cristão, 2008), 57.

2. "Ad's tribute to night shift workers leaves KLG, Hoda in tears", acessado em 7 de maio de 2015, www.today.com/parents/3rd-shift-cheerios-ad-leaves-klg-hoda-tears-2D80160197
3. Greek Lexicon: Strong's G5046, *teleios*, Blue Letter Bible, acessado em 7 de maio de 2015, www.blueletterbible.org/lang/lexicon/lexicon.cfm?strongs=G5046

Agradecimentos

TINA ✳ Neste momento, Deus está dizendo: "Ufa!". Na verdade, Ele nunca se cansou das minhas explosões de "Eu não consigo fazer isso!". Nas muitas vezes em que clamei: "Dá-me algo, Deus! Apenas dá-me alguma coisa!", Deus me abraçou enquanto eu chorei um mar de lágrimas sobre esses capítulos, esfreguei as minhas têmporas e passei incontáveis horas mergulhando na vida desses homens em desordem. Na verdade, tudo com que Deus se importava era em confortar e me dar a coragem para seguir em frente com este projeto. Obrigado, Deus — Aquele que mais acredita em mim.

Aos meus homens em desordem
Um abraço vai para o meu pai, que faleceu há vários anos. Eu sinto sua falta todos os dias e amei ver a sua vida mudar.

Um abraço caloroso ao meu marido Dave, que teve a ideia deste livro. Amei pesquisar os capítulos com você e observar Deus agir em sua vida — o mesmo Deus que transforma confusões em momentos repletos de graça.

Obrigado, meus filhos Jaren e Zach, por suportar uma mãe louca que está tentando viver em uma casa só de homens. Vocês são raios de luz que me mantêm sorrindo. Amo vocês dois.

Um grande abraço aos demais homens de minha vida — meus irmãos, tios, primos e amigos. Eu presenciei as suas desordens e vi as suas transformações — e os amo muito.

Às mulheres que amam homens em desordem
A uma de minhas amigas mais queridas, Dena — obrigada por me ensinar tanto sobre escrever e por estar sempre disponível para

ajudar quando eu preciso. Sou muito feliz por sermos literalmente vizinhas.

Gloria, minha querida amiga, obrigada por estar sempre presente. Sinto falta da minha colega de vendas no quintal das manhãs de sábado.

Mulheres da Grace River Church — vocês são muito preciosas. Sinto falta de todas vocês.

Obrigada, senhoras (e homens) da Tolar Baptist Church, por seu encorajamento e orações. Vocês me abençoaram além dos meus sonhos.

Às minhas leitoras — obrigada por dedicar tempo a compartilhar seus pensamentos. Dena, Kristie, Debbie e Michelle, eu amei o seu feedback e sou grata por sua perspicácia sobre o livro.

Muitos agradecimentos a todas as mulheres de minha vida. Às que encontraram esperança ao lerem meu livro *Wounded Women of the Bible* (Mulheres feridas da Bíblia); às líderes do estudo bíblico e às que já participaram das minhas aulas de estudo bíblico; às líderes do ministério na prisão, líderes de grupos de apoio, grupos de vida, mentoras e amigas que se reúnem para estudar a Palavra de Deus e ler qualquer coisa que eu tenha escrito — obrigada a todas vocês por suas palavras encorajadoras, por caminharem com mulheres sofredoras e por abençoarem sem medida.

E às mulheres que me enviam por e-mail suas mágoas mais profundas e compartilham abertamente momentos de vida trágicos: prometo orar por vocês. Sinto-me honrada por vocês me buscarem para pedir oração ou conselho e confiarem em mim as suas feridas. Continuem se esforçando. Deus jamais está distante.

Às mulheres especiais de minha vida
Mamãe, irmãs, cunhadas, tias, primas e sobrinhas — obrigada por ficarem entusiasmadas com as pequenas coisas de minha vida e por vociferarem a respeito das grandes. Amo vocês, meninas.

Um especial e enorme obrigada à minha preciosa prima Sarah. Sem a sua ajuda, este livro teria sido uma confusão! Obrigada pelas longas horas de edição e de útil perspicácia.

Aos que cuidam
Word Serve Literary Agency, sou grata por seu trabalho. Obrigada pelo feedback e por se empenharem na divulgação deste livro.

Obrigada, Kregel Publications, por seu trabalho em meu último livro e pelo que vocês e sua equipe fizeram com este. Obrigada, Steve, Dawn, Bob, Sarah e outros, pelas muitas horas de trabalho neste livro.

Aprendi muito!

Às livrarias que me permitiram entrar em suas lojas — obrigada!

Acima de tudo, que Deus receba a glória pelo que Ele fará com este livro!

DAVE ✴ Eu vim a entender que Deus chama os fracos e os machucados, e que Ele demonstra a Sua força por meio de corajosos atos de renovação. Sou encorajado por Jesus ter dito que os pobres de espírito (os espiritualmente falidos) herdariam a mesma recompensa que aqueles que são perseguidos por fazer as coisas certas. Os dois recebem o reino dos Céus (MATEUS 5:3,10). Sou grato ao meu Senhor Jesus por fazer todas as coisas novas.

Tenho uma dívida de gratidão com minha coautora e companheira de vida, Tina. Jamais me esquecerei do momento em que pus os olhos em você naquele dia de verão em Wyoming, quando você saiu pela primeira vez do ônibus da igreja. Éramos jovens e ingênuos, e nunca poderíamos ter imaginado o difícil caminho que percorreríamos juntos. Posso dizer honestamente que hoje amo você mais do que nunca, tendo tido a experiência de compartilharmos nossas vidas juntos — na riqueza e na pobreza, na saúde e na doença (na verdade, ainda estou esperando para compartilhar a parte da "riqueza"). Obrigado por me impelir a escrever e por assumir quando eu não tinha nada a dizer. Você sempre será minha autora favorita, minha líder de louvor favorita e minha companheira favorita de café da manhã.

Meus filhos, Jaren e Zach, são a alegria de meu coração. Obrigado a vocês dois pela maneira como a sua vida demonstra esse caráter tão forte. Eu não poderia estar mais orgulhoso.

Obrigado a Ken Datson, Tom Pals, Amos Lawrence, Gary Clyma e Martin Castro. Cada um de vocês caminhou comigo ao longo de um tempo difícil; tenho com vocês uma dívida de gratidão.

Fui totalmente tomado pelo amor e a bênção que experimentei na Grace River Church, servindo como seu pastor durante 5 anos maravilhosos. Lembro-me de todos os seus rostos enquanto escrevo. Gostaria de poder incluir todos os seus nomes, porque vocês são o oceano de amor em que meu navio navegou.

Obrigado a todas as igrejas que me permitiram servi-las, começando com a FBC em Camden, Tennessee, que me chamou quando eu ainda era universitário para servir como jovem obreiro no verão em 1984. Trinta anos depois, estou empolgado por estar começando uma nova jornada com uma ótima igreja em Tolar, Texas — a Tolar Baptist Church.

Agradeço à Word Serve Literary Agency e à Kregel Publications por possibilitarem o avanço deste projeto.

Há amigos mais chegados do que um irmão. Obrigado, David Mills e Mendal Kugler.

Amo e aprecio meus irmãos e irmãs: Sandy Evans, Cindy Stauffenberg e Mike Samples. Fico feliz por estarmos nos reunindo todos os anos. Tenho precisado disso.

Deus considerou adequado levar minha mãe para o lar celestial em 2005. Ela foi rapidamente e nenhum de nós teve a oportunidade de dizer adeus ou expressar o nosso amor. Sinto saudade dela e gostaria de poder passar mais um dia com ela no lado de cá. Minha mãe era uma mulher incrível que amava a vida! Ela tinha um grande senso de humor e uma risada maravilhosa. Sinto sua falta, mamãe!

Papai, você me mostrou que não há problema em lutar e que não somos definidos pelo fracasso. Amo muito você e sou grato por termos sido capazes de compartilhar muitos momentos maravilhosos. Você é um dos heróis de Deus que certamente terá um lugar especial no Céu. Tudo que sei sobre pastoreio aprendi o observando. Obrigado por ser meu pai!

Sobre os Autores

Tina Samples ❊

Tina é uma premiada autora, palestrante, líder de louvor e musicoterapeuta. Ela mora em Granbury, Texas, com seu marido Dave, que é o pastor principal da Tolar Baptist Church. Eles têm dois talentosos filhos, Jaren e Zach, e uma neta.

Wounded Women of the Bible: Finding Hope When Life Hurts (Mulheres feridas da Bíblia: Encontrando esperança quando a vida machuca), escrito em coautoria com Dena Dyer, recebeu o Golden Scroll Award 2014 de livro de não-ficção do ano. Os demais créditos de Tina por publicações incluem *It's a God Thing: Stories to Help You Experience The Heart of God* (É uma coisa de Deus: Histórias para ajudá-lo a experimentar o coração de Deus); *True Stories of Extraordinary Answers to Prayer: Unexpected Answers* (Histórias verdadeiras de respostas extraordinárias a oração: Respostas inesperadas); *True Stories of Extraordinary Answers to Prayer: In Times of Change* (Histórias verdadeiras de respostas extraordinárias a oração: Em tempos de mudança); *Angels, Miracles, and Heavenly Encounters: Real Life Stories of Supernatural Events* (Anjos, milagres e encontros celestiais: Histórias reais de eventos sobrenaturais); e *The One Year Life Verse Devotional* (Devocional versos da vida para um ano). Ela também contribuiu com a revista devocional *The Secret Place*, bem como com a revista *Quiet Hour*. Seus artigos sobre musicoterapia apareceram em Colorado Baptist News.

Tina teve também o privilégio de participar durante 2 anos como cantora no musical TEXAS, em Canyon, Texas, e durante duas temporadas em *The Promise*, em Glen Rose, Texas. Saiba mais sobre Tina em www.tinasamples.com e siga-a no *Twitter* (@

tinasamples), *Facebook* (www.facebook.com/TinaSamplesAuthor) e *Pinterest* (www.pinterest.com/tinasamples).

Dave Samples ※

Dave é pastor, professor, autor e implantador de igrejas. Ele nasceu no Texas e reside em Granbury, Texas. Atualmente, é o pastor sênior da Tolar Baptist Church, em Tolar, Texas. Dave ocupou numerosas posições de liderança denominacional e foi porta-voz de uma variedade de organizações, incluindo a Gospel Music Association em Estes Park, Colorado.

Dave tem o grau de Mestrado em Divindade com Línguas Bíblicas, conferido pelo Southwestern Baptist Theological Seminary, de Fort Worth, Texas.

Dave serviu como capelão na Marinha dos EUA, bem como capelão de departamentos locais de polícia e bombeiros. Em 2008, recebeu o título de Pessoa do Ano Windsor, Colorado, em reconhecimento por seus esforços em atendimento pós-desastre após um tornado devastador.

Dave e Tina têm dois filhos, Jaren e Zach, e uma neta, Abigail.

Você pode encontrar David online em www.davesamples.blogspot.com ou conectar-se a ele no *Facebook* ou *Twitter* (@davesamples).

Uma mensagem de
TINA e DAVE

Caros Amigos,

Às vezes, a vida é desafiadora. Queremos que vocês saibam que estamos aqui se precisarem de nós. Temos o incrível privilégio de ministrar a pessoas debilitadas e feridas em todo o território dos EUA. Envie um e-mail — nós respondemos e, ocasionalmente, telefonamos para agendar uma visita. O engraçado é que, depois de "Olá, você pode orar comigo?", um vínculo é formado e um novo amigo é encontrado.

Eis aqui algumas coisas que você poderá querer saber:

- *Nós transmitiremos gratuitamente, via Skype, sua primeira ou última aula de estudo bíblico (se você está participando do nosso estudo ou de* Wounded Women of the Bible *(Mulheres feridas da Bíblia).*
- *Tenha em mente chamar-nos para conferências, retiros, eventos e palestras. David também palestra em avivamentos.*
- *Além de palestrar, Tina lidera o louvor. Juntos, formamos uma ótima equipe, mas também somos convidados a participar de eventos individuais.*

Nossa oração mais profunda é que você não fique sentado nem mais um segundo numa poça de dor. Há um grande raio de luz esperando que você siga o caminho dele. Uma luz que traz calor, liberdade e esperança reluzente. Você consegue fazer isso! Juntos, nós conseguimos fazer isso.

Bênçãos!